1950년대 한국시와 분단체제 극복 의식*
-박봉우의 시를 중심으로

박 몽 구

*이 논문 또는저서는 2016년 대한민국 교육부와 한국연구재단의 지원을 받아 수행된 연구임(NRF-2016S1A5B5A07919437)

1950년대 한국시와 분단체제 극복 의식
-박봉우의 시를 중심으로

-시와문화 신서 09

박 몽 구

시와문화

국문 초록

한국전쟁 후 최초로 분단 현실을 소재로 한 시「휴전선」을 비롯한 박봉우의 1950년대 시들은 1960년대 이후의 참여시로 이어지는 교량 역할을 하는 전후의 참여시로 평가되며, 분단 문제에 대한 시적 형상화, 즉 역사의식의 시적 구현이라는 측면에서 주목받아 왔다. 그는 인간의 모든 조건이 파괴되고 황폐한 전쟁 또는 전후의 상황 속에서, 당시로서는 선구적이고 전위적 분단 극복 의지와 행동적이고 참여적인 시를 썼다. 박봉우는 민족 동질서의 회복과 분단 현실 극복이라는 이중과제를 누구보다 먼저 자각하고 실천한 시인으로 불리고 있다. 그는 남북한 통틀어 휴전 직후인 1956년에 최초로 타의에 의해 분단된 민족의 현실을 시적으로 형상화한 시인이다.

본 연구는 1950년대에 쓰인 박봉우의 시들을 대상으로 삼아, 주된 시적 기법과 주제가 어떻게 어울리고 발전하였는가를 분석하였다. 그는 그동안 분단 현실을 노래한 「휴전선」의 시인으로만 알려져 왔다. 하지만 이번에 그의 시들을 면밀하게 분석적으로 읽어본 바에 따르면 명징한 이미저리를 담지한 시어들을 즐겨 구사한 이미지스트이기도 하며, 서정과 시대정신을 균형 있게 보여준 서정 시인이기도 하였다. 그의 서정은 복고적이거나 감상(感傷)에 치우쳐 있는 게 아니라, 건실한 현실 인식하에 명징한 이미지를 동반한 채 전개된다. 그의 시는 1950년대 순수시 계열의 시인들이 구사하는 서정과는 차이가 있으며, 민중적인 정서를 바탕에 깔고 전개되고 있다. 분단 현실을 도외시한 채 개인의 정서에 침윤되어 있던 문인협회 산하의 전통 서정시인들과는 달리 분단 현실을 온몸으로 견뎌내야 하는 민중들의 삶과 현실 타파를 염원하는 목소리가 풍부하게 담겨 있다는 점에서 그는 분명한 입지를 갖고 있는 것으로 평가된다. 그런 면에서 좋은 시의 전범이 될 만한 시들이 적지 않으며, 주제 의식의 부각에 치우친 민중시들을 반성적으로 돌아보게 한다. 한국전쟁 후에는 실존주의와 모더니즘으로 대표되는 외래 사조들이 물밀듯이 들어왔지만 박봉우는 여기에 부화뇌동하여 가담하지 않았다. 대신 그는 한국인의 삶의 조건과 행불행을 결정짓는 분단 현실과 맞닥뜨려 이를 정면으로 극복하고자 애쓴 시인이다. 그는 서정시를 지향하기는 했지만 개인의 밀실에서 낭비되는 감정이 아닌, 조국 분단의 비애를 담고 아울러 당시로서는 보기 드물게 통일에의 의지를 시로 형상화한 시인이다. 그런 점에서 그는 새롭게 읽혀질 필요가 있고, 재평가될 필요가 있다고 본다.

    본 연구에서는 1950년대 전후 현실 속에서 창작되고 묶어진 그의 첫 시집 『휴전선』(정음사, 1957)과 제2시집 『겨울에도 피는 꽃나무』(백자사, 1959) 등에 수록된 시들을 중심으로, 그가 냉전 체제의 일환으로 강요된 민족의 분단을 어떻게 인식하고 있으며, 어떤 시적 극복 방안을 탐구하였는가를 살펴보고자 한다. 아울러 박봉우를 중심으로 한국전쟁 후 시인들이 맞닥뜨린 현실에 대하여 살펴보고, 당시 한국 시 전체가 어떻게 냉전과 분단 체제를 수용하고 극복해 갔는지 규명해내고자 한다.

  1950년대에 창작된 박봉우의 시들은 자연과 사물을 소재로 한 전통 서정시의 골격을 유지하면서도, 다른 한편 불같은 저항의 성격을 띠기도 한다. 해방 전 백석, 이용악, 정지용 등이 이룩한 한국적 서정의 골격을 유지하면서도 이 땅의 사물들을 통하여 민중의 염원이 배인 정서를 실천적으로 수용하여 '민중적 서정시'를 정착시킨 시인이다. 이 같은 박봉우의 1950년대 시들이 갖고 있는 의의에 주목하면서, 그의 초기 시세계가 지닌 의의를 재정립하고자 한다. 그 연장선상에서 서정시가 감상적(感傷的) 정서에서 벗어나, 시인의 세계관을 담는 데 어떻게 기능하고 있는가를 심도 있게 탐구해 보고자 한다.

  그는 생전에 다섯 권의 시집을 남겼지만, 1950년대에 출간된 두 권의 시집이 건강한 정신과 시적 전망을 갖고 씌어졌을 뿐, 다른 시집들은 병력(病歷)에 따른 정신적인 위축의 영향으로 젊은 날 그가 이룩한 시적 성과를 크게 넘어서지 못하고 있다는 평가를 받고 있다. 그런 의미에서 젊은 날의 시편들로 시적 생애의 전성기를 기록한 불운한 시인이기도 하다. 하지만 정신 활동이 안정된 전성기에 창작된 시편들 가운데에는 현실에 깊이 뿌리박은 서정성과 풍부하고 명징한 이미저리가 보기 좋게 균형을 이룬 가편들이 적지 않다. 파편화된 사유와 전후 냉전 체제의 억압에 따른 복고적이고 현실 타협적인 순수시들이 만연된 당시의 시단 풍토로서는 실로 보기 드문 시적 성과라 할 것이다. 본 연구는 우선 박봉우의 초기시들을 통해 1950년대 한국의 사회상과 시적 풍토의 전개 양상을 살펴보고자 한다. 단순히 박봉우 개인에 대한 연구를 넘어 주제와 형식이 균형을 이룬 민중적 서정시가 시대를 얼마나 능동적으로 반영해 내고 있으며 그 공감대는 얼마나 폭넓게 열려 있는지 살펴보고자 한다.

　아울러 1950년대에 창작된 박봉우의 시세계를 새롭게 석명하는 과정에서, 한국시가 냉전과 분단 현실을 어떻게 받아들이고 대응해 갔는가를 새롭게 규명하고자 한다. 박봉우의 초기 시세계에 대한 분석을 바탕으로 하여 시인의 목소리와 서정적 기법 명징한 이미저리가 잘 조화된 '민중적 서정시'가 얼마나 역동적인 가능성을 갖고 있는지를 점검하였다. 지나치게 외래사조에 경도된 모더니즘 시들과 감상적 서정에 치우친 전후 한국시를 반성적으로 읽는 한편, 장차 한국시가 올곧게 나아갈 방향을 모색하였다.

주제어 : 박봉우, 민중적 서정시, 모더니즘, 분단 체제, 1950년대

| 차 례 |

■ 국문 초록   4

Ⅰ. 문제의 제기   11
  1. 전후 분단 상황의 시적 포착   11
  2. 연구 문제   14

Ⅰ. 본론   29
  1. 전후의 시적 풍토와 박봉우의 시세계   29
    1.1. 1950년대 전후 사회 상황과 시   29
    1.2. 기존의 평가와 새로운 접근   43
  2. 건강한 서정의 회복   47
    2.1. 민족 주체적인 시각에서 바라보다   47
    2.1. 함축적 이미지 통한 주제 구현   52
  3. 관념의 육화(肉化)와 주제의 심화   63

4. 박봉우의 민중적 서정시의 전개　　　　　　　　　　　　69
      4.1. 분단의 상처를 온몸으로 안다　　　　　　　　　　　69
      4.2. 주제와 기법을 한자리에 놓다　　　　　　　　　　　75
      4.3. 최초로 전후의 분단 현실을 직시하다　　　　　　　87
      4.4. 1960년대 참여시 탄생의 교량 역할을 하다　　　　88
      4.5. 서정과 모더니티의 결합을 실천적으로 보여주다　　91
   5. 박봉우 시에 투영된 1950년대 현실　　　　　　　　　　93

5. 맺는 말　　　　　　　　　　　　　　　　　　　　　　　　97

■ 주(註)　　　　　　　　　　　　　　　　　　　　　　　　105
■ 참고문헌　　　　　　　　　　　　　　　　　　　　　　　108
■ Abstract　　　　　　　　　　　　　　　　　　　　　　　110

Ⅰ. 문제의 제기

1. 전후 분단 상황의 시적 포착

박봉우는 1934년 전남 광주에서 출생하여 전남대 정치학과에서 수학하였다. 그는 명문인 광주고등학교 2학년 때인 1952년 18세 때에 주간 《문화예술》 공모에 「석상(石像)의 노래」가 당선되고, 같은 해에 전남일보 주최 제1회 신춘문예에 박성룡, 정현웅 등과 함께 당선되기도 했다. 그가 본격적으로 시인으로서의 존재를 알린 것은 1956년 《조선일보》 신춘문예에 전후 최초로 분단 현실을 노래한 「휴전선」이 당선된 것이 계기가 되었다. 대학을 중퇴한 그는 조선일보 신춘문예 당선을 계기로 약 2년간 전남일보(현 광주일보 전신) 서울 주재 기자로 재직하면서 천상병, 김관식, 신동문, 신동엽 시인들과 어울리며 분단 체제 혁파를 논의하고 한국시가 주체적으로 나아갈 바를 고민하였다. 하지만 어려운 지방지 사정과 심한 주벽(酒癖) 등으로 인해 신문사를 그만둔 뒤에는 출판사 등을 전전하는 등 어려움을 겪었다. 또한 박봉우는 1960년 4월혁명을 목격한 이후 젊은이들의 희생에 제대로 화답하지 못하였다는 죄의식에 촉발된 정신적 갈등으로 오랫동안 시달렸다.

그동안 신문문예 출신 시인들의 모임인 '신춘시' 동인으로 참여하였고, 1974년 '자유실천문인협의회' 창립 회원으로 참여하여 민주 정신을 실천하였다. 오랫동안 정신적 방황을 겪던 그는 1975년 《창작과비평》 여름호에 「서울 하야식(下野式)」을 발표한 이후, 당시 전주시장으로 재직 중이던 고교 동창 이효계 씨의 주선으로 전주 시립도서관 촉탁사원으로 일하면서 정신적 안정을 도모하였다. 1976년에는 제4시집 『황지(荒地)의 풀잎』을 간행하는 등 재기하는 모습을 보여주었지만, 1985년 부인과 사별한 이후 어려움을 겪다가 1990년 전주 시립도서관에 재직 중 지병으로 향년 57세에 사망하였다. 나라와 겨레 생각이 얼마나 깊었으면 아들 이름은 '겨레', 두 딸은 '하나'와 '나라'로 지은 그의 시업은 비록 막을 내렸지만, 민중 생존권이 보장되고 타의에 의해 갈라진 산하가 하나 되는 날까지 그의 유지는 더욱 굵고 줄기차게 이어질 것이다.

박봉우는 첫 시집 1957년에 『휴전선』을 정음사에서 출간한 이후 『겨울에도 피는 꽃나무』(1959), 『4월의 화요일』(1962), 『황지(荒地)의 풀잎』(1976), 『서울 하야식(下野式)』(1985), 『딸의 손을 잡고』(1987) 등의 시집을 간행하였다. 1962년도에 '현대문학상'을, 1985년에는 '현산문학상' 등을 수상하였다.

박봉우는 한국전쟁 후 최초로 분단 현실을 노래한 「휴전선」의 시인으로 우선 한국현대시문학사에 자리매김을 해왔다. 한국전쟁 후에는 실존주의와 모더니즘으로 대표되는 외래 사조들이 물밀듯이 들어왔지만 그는 여기에 부화뇌동하여 가담하지 않았다. 대신 그는 한국인의 삶의 조건과 행불행을 결정짓는 분단 현실과 맞닥뜨려 이를 정면으로 극복하고자 애써 왔다. 그는 서정시를 지향하기는 했지만 개인의 밀실에서 낭비되는 감정이 아닌, 조국 분단의 비애를 담고 아울러 당시로서는 보기 드물게 타의에 의해 강요된 분단 현실을 온몸으로 아파하면서 나아가 통일에의 의지를 시로 형상화한 시인이다. 등단작 「휴전선」은 그 출발 지점에 놓여 있는 작품이다. 특히 이 시는 등단작이면서도 동시에 그의 대표작으로 평가받을 만큼 박봉우 시문학의 정점을 차지하고 있다. 여기서 제기된 분단 극복 의지와 민족 화해의 지향이라는 주제는 이후의 시편들에서도 꾸준히 전개된다. 분단 극복 의지와 민족의 동질성 회복에 대한 염원은 박봉우 시인이 평생에 걸쳐, '신화'처럼 간직해온 시적 주제이다.

박봉우의 시에는 주제 의식을 겉으로 생경하게 표출한 이른바 목적시와는 다르게 사물과 교감하는 개인적 정서가 풍부하게 담겨 있다. 또한 시어의 사용에 있어서도 명징한 이미지를 중심으로 한 모더니티가 잘 구현되어 있다. 언어의 해체 등 과격한 모더니티는 지양하고 있지만, 사전적 의미를 벗어난 상징성, 다의성을 띤 시어와 함께 눈앞에 벌어진 현실과 갈등하는 미적 자의식을 선명하게 보여주는 온건한 모더니즘 계열의 시들을 다수 보여주고 있다. 그런 점에서 그는 서정과 민중·민족적 정서를 동시에 아우르는 시들을 선구적으로 보여준 시인으로 새롭게 읽혀지고 재평가될 필요가 있다고 본다.

박봉우는 한국전쟁 후 엄혹한 냉전체제하에서 분단 문제를 선구적으로 시적 주제로 삼았으며, 분단이 해결되어야 진정한 자유와 민주의 실현이 가능하다고 보았던 시인이다. 등단 초기에 보여준 그의 민족 동질성 회복을 노래한 시적 주제는 이전의 시와는 다른 세대적 새로움을 보여주는 것임과 동시에, 분단 문제를 객관적으로 파악할 수 있는 전환의 계기를 마련하였다. 그가 새로운 시인으로서 얼굴을 내민 1956년은 종전(終戰)과 함께 기성시인들이 이념에 따라 남북으로 갈린 시점에서, 남한만의 새로운 시단이 형성될 무렵이었다. 동족상잔으로 국토가 갈라진 위에 이념의 형해화에 따라 시인들은 자유롭게 노래할 수 없었고, 정신의 황폐화로 세기말적 경향이 두드러지게 나타났다. 이런 전후의 폐허 상황 속에서도 미국을 선두로 마구 밀려오는 서구 문화의 무분별한 수용으로 국적을 알 수 없는 경향의 시들이 난무하기도 했다.

2. 연구 문제

1950년대에 창작된 박봉우의 시들은 분단 현실을 최초로 문제 삼은 시라고 할 수 있지만, 1970년대 이후에 크게 회자한 이른바 '민중시'와는 상당한 차이를 보이고 있다. 또한 문인협회를 중심으로 모인 청록파 시인들이나 서정주 등의 복고적인 서정시와는 달리, 분단 현실을 온몸으로 아파하는 내면의 마음 씀씀이도 보인다. 또한 이 같은 현실을 수수방관하지 말고 실천적으로 깨뜨려야 한다는 개혁 정신도 담겨 있다.

> 열리지 않아요 창은 열리지 않아요.
> 그러면 하얀 커텐을 걷우워 버리어요. 질식의 불모지대에서 화산같이 토하는 1950년대의 산맥을 넘고 또 넘어 강을 건너는 가시길 같은 이야기를 듣지 않으시렵니까.
>
> (중략)
>
> 열리지 않아요 창은 열리지 않아요
> 그러면 하얀 커텐을 걷우워 버리어요 이젠 이 孤島에 당신과의 벽과 철조망을 헐고 부수워서, 나비와 무순한 꽃과 신록의 정오를 의미할 그런 환한 날과 바다. 통일과 자유란 바다여. 이 형벌장에서 피투성이가 되어도 웨치고 찾고 싶은 우리들의 領土. 1950년대의 기막힌 이야기를 듣지 않으시렵니까.
>
> ―「창은」 부분

6연의 산문으로 된 시 「창은」의 첫 연과 마지막 연이다. 이 시에는 매 연마다 첫 대목에 '열리지 않아요 창은 열리지 않아요' 라는 구절이 제시되어 있다. 언뜻 보면 단순한 시행의 반복으로 비치지만 지속적인 행의 반복을 통하여 시인이 딛고 선 현실을 지적하고, '창'이라는 상징어를 통하여 그로부터 일탈해야 한다는 의식을 독자들에게 환기하고 있다. 이것은 1950년대 전후 한국인이라면 누구나 직면하는 현실의 알레고리이다. 이를 통하여 박봉우는 한국전쟁으로 초래된 현실이 우리 민족이 원하던 것이 아님을 환기하고 있다. 즉 첫 연에 제시된 '불모지대'와 '화산'의 대비를 통하여 민초들이 제대로 숨쉬고 살만한 환경이 조성되지 못한 전후의 현실을 지적하면서, 화산이 폭발하듯 비인간적인 현실의 타파 의식을 드러낸다. 화자는 전후 현실을 비판적으로 환기하면서, '그러면 하얀 커텐을 걷우워 버리어요'와 같은 대구를 통하여 '커텐'으로 상징되는 불온한 현실을 민초들 스스로 깨뜨려야 한다는 내적 결론을 이끌어내고 있다. 이처럼 박봉우는 초기시부터 분단 조국의 현실을 날카로이 응시하고 고발하는 데서 나아가 통일에의 강한 의지를 내면화하고 있다고 볼 수 있다.

한국전쟁 후에는 실존주의와 모더니즘으로 대표되는 외래 사조들이 물밀듯이 들어왔지만 박봉우는 여기에 가담하지 않았다. 대신 그는 한국인의 삶의 조건과 행불행을 결정짓는 분단 현실과 맞닥뜨려 이를 정면으로 극복하고자 애쓴 시인이다. 그는 서정시를 지향하기는 했지만 개인의 밀실에서 낭비되는 감정이 아닌, 조국 분단의 비애를 심도 있게 담아내 당시로서는 보기 드물게 통일에의 의지를 시로 옮긴 시인이다. 그런 점에서 그는 새롭게 읽혀질 필요가 있고, 재평가될 필요가 있다고 본다.

　헐어진 도시 또 헐어진 벽 틈에 한 줄기 하늘을 향하여 피어난 풀잎은 무엇을 의미하는가.

　봄. 봄. 봄인가 그렇지 않으면 가을을 말하는 것인가. 모질게 부비고 부비며 혼 있는 자세여.

강물도 흐르고 바람도 스쳐가며 나무들이 손짓하는 그리고 해와 별들도… 이 영토 위에 조용히 오는 풍경. 살고 싶은 것이나 새롭고 싶은 것인가.

살벌한 틈사구니에서 모질게 부비고 부비고 피어나는 내 가슴의 휴전 지대(休戰 地帶)에서 너를, 너를 울리는 나. 나는 무엇인가.

바다. 너는 그 섬에서 노래를 들으리라 무엇을 의미하는 풀잎의 소리를. 한포기 꽃이 제대로 피어나는 統一을 領土를 世界를…

헐어진 도시에 아직은 창. 창은 있는가 병들고 시들은 봄이나 가을이란 그런 계절이 우리는 없어도 고목 속에 이젠 피어야 할 너를, 너를 울리고 창을 향해야 하지 않겠는가.

-「신세대」 전문

절절한 서정적 기법이 주제 의식을 잘 감싸고 있음을 보여주는 작품이다. 시인은 '헐어진 도시', '살벌한 틈사구니', '휴전 지대', '헐어진 도시', '병들고 시든 봄' 등의 시어를 통하여 타의에 의하여 조성된 분단 현실이 민초들을 얼마나 숨 막히게 억누르고 파괴해 가고 있는가를 암시하고 있다. 하지만 이에 굴복하지 않고 '바다', '풀잎의 소리', '한 포기 꽃', '창' 등의 시어를 그 대척점에 이항대립어로 제시함으로써 억압과 갈등을 넘어 넓게 열린 세계 즉 '꽃이 제대로 피어나는 통일(統一)'의 세계로 나아가야 한다는 인식을 담아내고 있다. 이렇듯 박봉우의 시세계에서 분단 극복 의지와 통일은

처음부터 한몸을 이루고 있음을 살펴볼 수 있다.

오윤정은 '이 시에서 사용되는 자연의 이미지들은 성장하는 자연으로서 생명성이라는 상징을 확보한다. 물과 마찬가지로 풀과 같은 비유로 백성을 상징하였다. 이들은 약하고 여리며 보잘것없지만 강인한 생명력을 가지고 있다. 자연의 생명력에 대한 강조는 폐허의 현실과 반대되는 지점이다. 그것은 신동엽 시에서 자연과 문명이 대조되는 것과 유사하다. 이는 알몸 과 쇠붙이 와 같은 이미지로 상징되어 생명성과 파괴성의 대립적 의미를 보여준다.'[1]고 분석하고 있다. 이같이 전통적인 소재를 채용하면서도 그것을 민중적 생명력으로 환치하는 시적 전략은 독자들에게 쉽게 다가가면서도 새로운 의미의 위상을 열어가는 박봉우의 시적 체질과 부합된다.

　　너를 믿고 살아야 너를 믿고 살아야 하늘과 태양만 있으면 그뿐인 너를 믿고 살아야 계집애 같은 눈물과 웃음의 꾸밈도 없이 벙어리인 체 살아야 너를 믿고 이 목숨이 살아가야.

　　풀이파리 타질 듯 징글징글한 더운 여름에 목이 마르면 소낙비를 맞으며 겨울에 매운 바람이 불면 하얀 눈송이를 이불로 만들어 살아야 말없이 살아야.

　　누구를 오래도록 지키는 파수병이냐고 바보냐고 비웃어도 살아야 그래도 살아야 그래도 천 근 무거운 침묵을 지키고 살아야.

오월의 장미는 눈물이 있고 순간에 져버리는 넋이라도 나는 구원(久遠)한 빛을 하늘에 이고 살아야 아무런 원망도 없이 살아야 넓고 푸르른 하늘 우러러 그 같은 의지로 소리 없는 노래 부르고 보란 듯 살아야.

  눈물도 쓰라림도 달게 받으며 못난 구실로 나는 살아야 말친구도 없이 그저 적적히 푸른 하늘의 태양을 바라보고 키 작은 대로 부드러운 것도 없이 무상한 역사를 노래하고 나는 나는 웃음 한 번 없이 굳어버린 얼굴로 이 누리를 살아가야 살아가야.

  바보라고 비웃어라 사랑의 패배자라 비웃어라 그래도 잔디밭에 버섯처럼 피어 영원한 침묵 속에 못난 체 살아야 오랜 세월을 눈물 한 번 없이 살아야 웃음 한 번 없이 살아야.

  너를 믿고 살아야 너를 믿고 살아야 하늘과 태양만 있으면 그뿐인 너를 믿고 살아야 계집애 같은 눈물과 웃음의 꾸밈도 없이 벙어리인 체 살아야 너를 믿고 이 목숨이 살아야.
-「석상(石像)의 노래」 전문

  캄캄한 무덤에서 부활한 소복한 내가 되어 오늘만은 피를 토할 슬픔, 괴로움 속에 모아온 눈물 잊고 꽃초롱 밤 늦도록 피워놓고 이 길을 준 푸른 하늘을 이야기 하자고 가다리실 어느 집을 갈거나.

  하얀 길. 하얀 벌판을 밟고 무한한 지평선에 흰 비둘기 나래의 깃발이 되어 이 기쁨을 누리자고 어느 머언 창변에까지 들리게… 산산이 부서져 버릴 유리조각이 되게 허공을 향하여 목이 터져라 울어보고 싶어라.

  (중략)

밤늦도록 꽃초롱이 켜진 집을 찾아서 푸른 하늘이 나에게 준 이 길을
밟고 진실한 노래와 내 맑은 눈물을 읽어줄 하늘 같이 넓은 가슴에 안기리
안기러 가리…

-「눈길 속의 카츄샤」 부분

「휴전선」 이전에 창작된 초기시 두 편을 들어 보았다. 주제 의식이 두드러진 목소리보다 잔잔한 가운데 젊은 시인다운 존재론적 사유를 엿볼 수 있다. 앞의 시에서는 '석상'을 서정적 자아로 설정하여 '잔디밭에 버섯처럼 피어' 할 말 겉으로 못하고 속으로만 삼키고 사는 절름발이 지식인에 머문 자신에 대한 시적 성찰을 펼쳐 보이고 있다. '오월의 장미'는 삶의 빛이 마음껏 펼쳐진 대타적인 삶을 상징한다. 하지만 '오월의 장미는 눈물이 있고 순간에 져버리는 넋이라도 나는 구원(久遠)한 빛을 하늘에 이고 살아야'라고 노래함으로써 그 같은 완벽한 자아에 도달하지 못하는 자신을 질책한다. 유장한 산문체의 호흡과 함께 절절한 서정을 구사하는 품이 뒷날 창작된 그의 대표작 「휴전선」의 골격을 연상시키는 작품이다. 이 시에 등장하는 '석상(石像)'은 돌로 된 입상이라는 사전적 의미를 넘어 1950년대 전후 현실을 살아가는 민초들을 상징하고 있다. 첫 대목에 제시된 '너를 믿고 살아야 너를 믿고 살아야 하늘과 태양만 있으면 그뿐인 너를 믿고 살아야'한다는 것은 '하늘과 태양'으로 상징되는 자연의 섭리대로 맡긴 채 살아간다는 것을 가리킨다. 모름지기 이 땅의 민초들이 '더운 여름에 목이 마르면 소낙비를 맞으며 겨울에

매운 바람이 불면 하얀 눈송이를 이불로 만들'며 살아간다는 것은 묵묵히 견디며 절대자가 점지한 평화와 번영의 시간이 돌아올 것을 믿으며 견디는 것을 의미한다. '벙어리', '무거운 침묵', '파수병', '굳어버린 얼굴' 등은 거대한 외력에 짓눌려 말 한번 제대로 하지 못한 채 그러한 날이 도래할 것을 살아가는 인간 군상을 상징하고 환기한다. 시인은 곧 움직이지도 한마디 말도 뱉지 못하는 석상이 활짝 날개를 펼 날이 올 것이라는 믿음을 형상화하고 있는 셈이다. 박봉우는 이 시를 통해 1950년대 전후의 인간상을 그리고 있으면서도, 인간다운 세상을 '풀이파리', '오월의 장미', '구원한 빛' 등의 서정성이 풍부한 이미저리를 통해 상징함으로써 독자들을 부드럽게 끌어안는 전략을 취하고 있다. 이는 의도가 쉽게 드러나는 목적시들에 비하여 시의 깊이와 넓은 공감대를 확보한 박봉우 특유의 '민중적 서정시'의 단초를 보여주는 것이다. 이렇듯 박봉우는 시인으로서의 첫걸음을 풍부한 서정과 함께 목소리를 은근 슬쩍 눙치고 드러내는 기법을 채용하는 데서 시작하고 있다.

  뒤의 작품에서는 소박하기는 하지만 젊은 시인의 소명 의식으로 나아가는 것을 살펴볼 수 있다. '카츄샤'로 환유되는 사회적 약자의 처지를 관조하면서, 제대로 손 한번 써볼 수 없는 화자의 처지에 대한 성찰이 깃들어 있다. 화자는 '밤늦도록 꽃초롱이 켜진 집을 찾아서 푸른 하늘이 나에게 준 이 길을/ 밟고 진실한 노래와 내 맑은 눈물을 읽어줄 하늘같이 넓은 가슴에 안기리'라고 노래함으로써, 소아(小我)를 대타적인 삶을 꾸려야 하리라는 암시를 자신에게 던지고 있다. '캄캄한 무덤', '슬픔', '유리조각' 등의 시어와 함께 그 대척점에 '꽃초롱', '하얀 벌판', '지평선' 등의 이항대립어를 배치하여 어둠을 뿌리치고 밝은 데로 나아가야 한다는 존재론적 사유를 담지하고 있다. 이 같은 일련의 초기시들은 박봉우의 시세계가 민족 구원과 같은 거창한 주제가 아닌 소박한 존재론적 고뇌와 시인의 소명 의식에서 출발하고 있다는 점들을 환기시켜 준다. 하지만 그는 개인의 밀실로 들어가는 실존 의식에 침윤되기보다 민족 공동체를 부단히 발견해 나가고 있다는 데 그만의 시적 위치가 있다.

이처럼 고등학생 신분으로 일약 시인의 월계관을 쓴 박봉우는 윤삼하, 주명영, 강태열과 함께 4인 시집 『상록집』을 발간하기도 했다. 중앙 문단 진출을 발판으로 시인 박봉우의 행적은 고향 광주를 벗어나 서울까지 이어졌다. 동년배 시인 박성룡과 더불어 시인 조병화가 단골로 드나들던 명동 '문예살롱'을 빈번하게 출입하면서 시인으로서의 입지를 넓혀갔다.

조선일보 신춘문예에 당선된 그는 대학생활에 연연하지 않고 본격적인 문단 생활을 꾸려나가게 되는데, 화려한 등단을 계기로 약 2년간 전남일보(현 광주일보 전신)에 스카우트되어 서울 주재 기자로 재직하면서 '명동'이라는 당대의 문화에 스며들어 간다. 이 무렵 명동거리에는 '은성', '돌체', '르네상스' 등이 있었는데, 박봉우는 이들 다방을 순례하면서 천상병, 김관식, 신동문, 신동엽 등의 시인과 교유하게 된다. 조병화 시인의 기억에 따르면, 박봉우 시인이 명동에 나타나면 어김없이 그의 주변에는 아름다운 여성들이 따라다

니곤 했다. 박봉우 시인은 언제나 취해 있었으며 어느 정도 흥분해 있었는데, 마치 그 모습이 명동 거리에 나타난 아르뛰르 랭보 같았다고 한다.

이남호는 1950년대 전후 시인들의 시세계를 일별하면서, '구체적인 삶이 없다. 절망적 폐허의 삶에 굴복한 자의 문학적 포즈로서의 퇴폐와 감상이 있을 뿐이다. 이것은 인식의 추상성과 관념성을 낳는다. 전전세대 시인들에 비해서 전후세대 시인들의 시에서 현저한 추상성과 관념성을 목도한다'[2]고 지적한 바 있다. 하지만 박봉우는 '후반기' 동인들을 비롯한 도시적 감수성과 퇴폐에 침윤된 일군의 시인들과는 분명한 선을 긋는다. 그는 엄혹한 냉전 상황 하에서 「휴전선」 등의 작품으로 전후 최초로 구체적 분단 현실을 시적 대상으로 삼았을 뿐더러 이를 극복하고자 하는 의지를 형상화하였다.

전후 시인들의 시세계에서 원체험으로 자리잡고 있는 것은 비극적 동족상잔의 상처에서 비롯된 죽음 의식과 존재의 불안 의식이다. 불안 의식 그 자체에 침윤되기보다, 전후(戰後)의 황폐한 현실로부터 느끼는 허무 의식과 불안의 시간을 극복, 초월하고 싶어하는 욕망을 긴장감 있는 언어로 표현하고 있다. 이승훈은 후반기 동인들의 시작업을 가리켜 6·25 한국전쟁을 계기로 폐허가 된 도시를 최초로 본격적으로 노래했다는 점, 그리고 이 도시는 흘러가는 삶, 즉 현대인의 불안을 표상한다는 점에서 한국 현대시사에서 단연 새로운 국면으로 부각된다고 지적한 바 있다.[3] 후반기 동인들을 비롯한 일군의 전후 시인들은 도시의 내면에 도사린 비인간성을 시적 감수성으로 줄곧 비판하고 있는 데 그 특색이 있다고 본다.

　박봉우의 시 역시 이 같은 전후의 불안 의식에서 놓여난 것은 아니다. 하지만 그는 개인의 밀실로 들어가는 실존 의식에 침윤되기보다 민족 공동체를 부단히 발견해 나가고 있다는 데 그만의 시적 위치가 있다. 문혜원의 지적처럼 '박봉우는 개인의 실존의 문제를 민족 전체로 확산시킨다는 면에서, 타자에 대한 지향이 좀더 넓게 확산된 경우라고 할 수 있다. 그가 파악한 자신의 실존의 상황은 '언제까지나 이러한 나라의 벌판이나 험한 산악이거나 바다에서 이야기를 시작한 카키 전투복을 입은 어리고 가녈픈 병정'(「사미인곡」)의 모습이다. 자신의 의지와는 무관하게 분단된 조국에서 어쩔 수 없이 민족에게 총을 겨누어야 하는 운명, 이것이 박봉우가 파악한 피투적인 상황이다.' [4] 1950년대 전후의 풍토에서 한국 현대시에 리얼리즘이 정착된 것은 아니지만, 그런 점에서 박봉의 일련의 작품들은 선구적으로 민족·민중시의 단초를 열어갔다고 볼 수 있다.

　　헐어진 도시에 아직은 창, 창은 있는가 병들고 시들은 봄이나 가을이란 그런 계절이 우리는 없어도 고목 속에 이젠 피어야 할 너를, 너를 울리고 창을 향해야 하지 않겠는가.

　　모진 바람이 분다. 그런 속에서 피비린내 나게 싸우는 나비 한 마리의 생채기. 첫 고향의 꽃밭에 마즈막까지 의지하려는 강렬한 바라움의 향기였다.
　　－「나비와 철조망」 부분

　　전쟁에 울고 이그러진 가슴에…

붕대를 감아주려고 온 다사로운 너의 숨결
그것은, 겨울을 풀어헤치는 긴 강.
목을 베어버릴 만한 손도 마즈막 빼앗긴
영토에게. 심연한 포옹과 사랑을 끝없이
노래부르려는,

-「수난민」 부분

오늘쯤은
수많은 새들의 자유의 갈망을, 마음껏
기도해주고 싶은데
지폐가 없어 차라리 울고 싶은 가슴.

-「오월의 미소」 부분

　위의 시들에서 보듯이 박봉우에게 전후의 시공간은 전쟁이 남긴 상처를 떠안고 있는 민중 현실에 대한 비판과 밝은 미래를 갈망하는 애정을 동반한 채 펼쳐진다. '병들고 시들은 봄이나 가을이란 그런 계절이 우리는 없어도 고목 속에 이젠 피어야 할 너를, 너를 울리고 창을 향해야 하지 않겠는가' 하는 설의법(設疑法)의 구사에서 엿보이듯 전쟁의 상처가 만연된 산하를 직시하고 있다. 아울러 그 가운데 신음하는 민초들을 역사의 희생양으로 파악하면서, 배운 자, 살아 있는 정신의 소유자들의 책무를 환기시키고 있다. 또한 두 번째 시에서 '붕대를 감아주려고 온 다사로운 너의 숨결/ 그것은, 겨울을 풀어헤치는 긴 강'이라고 노래하는 데서 보듯, 전쟁의 상처에도 불구하고 제자리를 지키고 있는 산하에 희망의 싹을 읽는다. 세 번째 시에서 '수많은 새들의 자유의 갈망을, 마음껏/ 기도해주고 싶은' 마음을 내비치고 있는 데서 보듯 좌절을 딛고 민초들과 함께 새로운 세상을 열고 싶은 열망을 형상화하고 있다. '창', '새', '강' 등 서정적이면서 밝은 이미지를 동반한 상징 시어를 구사하면서, 박봉우는 구호를 넘어 전후의 안타까운 현실을 시적으로 수용하는 데 부심한 족적을 선명하게 남기고 있다.

그동안 박봉우의 시는 주로 1960년대 이후의 참여시로 이어지는 교량 역할을 하는 전후의 참여시로 평가되며, 분단 문제에 대한 시적 형상화, 즉 역사의식의 시적 구현이라는 측면에서 주목 받아왔다. 반면에 그는 분단을 노래하면서 민중의 입을 통하지 않고 그대로 토로해 버리고 있다는 지적을 받기도 한다. 분단이라는 주제만이 일방적으로 가득 차 있고, 그 분단을 극복해야 할 실체적 구성원인 민중의 소리는 사상되어 있다는 것이다.[5] 또한 스타일의 견고성이 결여되어 있고, 시인이 그의 경험에 대한 충분한 음이 없이 그 자신의 심정을 거의 날것 그대로 토로하고 있다는 지적도 받고 있다.[6]

임동확은 인간의 모든 조건이 파괴되고 황폐한 전쟁 또는 전후의 상황 속에서, 당시로서는 선구적이고 전위적 분단 극복 의지와 행동적이고 참여적인 시를 썼다고 평가한다. 박봉우는 민족 동질성의 회복과 분단 현실 극복이라는 이중과제를 누구보다 먼저 자각하고 실천한 시인으로 자리매김하고 있[7]는 것이다.

강희안과 윤은경은 박봉우의 1950년대 시를 가리켜 탈이데올리기적인 신생 의지의 표현이자 분단의 질곡을 감당하려는 자아의 자유 의지에서 비롯되었다고 지적한다. 즉 박봉우의 시는 '참혹한 전후의 실상과 이념적 대립과 갈등을 극복하려는 탈이데올로기적인 신생(新生)의 의지인 것이다. 이는 능동적이고 적극적인 자세로 우주적인 생명을 탐색하는 자아의 모습으로 그 실체를 드러낸다. 박봉우는 전쟁 뒤의 참담한 좌우이데올로기의 반목 상황을 극복하여, 사랑으로써 완성하려는 우주적인 생명과 자유의 세계를 보여준다.'[8]고 지적한다. 박봉우의 시를 분단 체제 고발이나 통일 의지로 보는 이들이 적지 않은 가운데 개성적인 접근으로 보인다.

김정현은 '1950년대 당대의 평가에서 박봉우는 참여시의 계열과 달리 서정을 재편하는 이른바 신세대의 서정시로서의 평가를 받고 있다. 이는 시적 인식의 측면과 공간 설정의 욕망으로 드러난다. 그의 시 인식은 분단의 인식에서 개인적 불안으로 심화되는 과정, 다시 그 불안이 '잉여'로 인정되는 과정을 거친다. 이는 전쟁이라는 분단 상황, 4월혁명 정신의 실패라는 좌절과 불안, 그리고 1980년대를 거친 깊은 회의를 보여준다. 한편 공간 설정의 욕망은 '광장'이라고 하는 황량한 전쟁의 폐허 공간으로부터 '병실'이라는 특수한 공간으로 수렴되는 과정을 거친다. 이는 전쟁의 폐허로부터 안정된 공간을 지향하고자 하는 주체의 모색에서 비롯된다. 정박점의 하나로 '병실'을 중심으로 한 지향점을 보였다면, 후기시에서는 다시 '경계'에 있는 주체의 모습에서 고향이나 안온함은 더 이상 존재하지 않는 허구였음을 드러낸다. 비정상적이고 분열에 가득 찬 주체만이 오히려 개인의 금권과 안정을 추구하라는 사회적 통념에 저항할 수 있다는 시적 윤리를 보여주고 있다'[9]고 지적한다. 즉 참여시가 노정한 목적 의식과 대별되는 분단에 따른 불안 의식과 서정이 결합된 새로운 서정시로 평가하고 있다.

본 연구에서는 이 같은 박봉우의 시세계에 대한 기존의 평가를 수렴하는 한편, 나아가 앞에 붙은 분단 시인, 참여 시인 등의 관사(冠詞)를 뗀 채 새롭게 들여다보고자 한다. 아울러 그의 시 가운데서 비교적 탄탄한 구조를 갖고 있는 1950년대에 창작된 시들을 대상으로 주제와 기법의 상응 관계를 객관적으로 검토하고자 한다. 그를 통해 표면적인 평가에서 벗어나 박봉우의 진면목을 재음미할 수 있으리라 보기 때문이다. 이 같은 관점에서 본 연구에서는 다음과 같은 연구 문제를 설정하여, 그의 시세계를 새롭게 규명하는 한편 그의 시가 한국 현대시사에서 차지하는 위치를 새롭게 자리매김하고자 한다.

첫째로 1950년대 시의 경향은 어떠하며 박봉우가 차지하는 영역은 얼마만큼인가?

둘째로 박봉우의 시적 궤적은 어떤 것이며, 그의 시의 특질은 무엇인가?

셋째로 한국현대시사상 박봉우가 차지하는 위치는 어떠한 것인가?

넷째로 1950년대 전후 한국시에서 갖는 민중적 서정시의 의의는 무엇인가?

Ⅱ. 본론

1. 전후의 시적 풍토와 박봉우의 시세계

1.1. 1950년대 전후 사회 상황과 시

　1950년대는 한국전쟁이라는 미증유의 동족상잔의 상처를 안고 출발한 시대였다. 또한 미국을 통로로 한 새로운 문물이 수입되면서 한국 사회의 지적 맥락이 새롭게 형성된 시기이기도 하다. 이러한 시대적 영향은 한국시에도 그대로 반영되었다. 타의에 의하여 국토가 분단되면서 백석, 이용악, 정지용, 김기림 등이 이념의 그림자로 사라지면서 한국시단은 그야말로 절름발이가 되고 말았다. 이념 기피증이 깊숙이 뿌리내리면서 우리 시단은 청록파의 몇몇 시인들과 인생파의 서정주를 비롯한 이른바 전통서정파 시인들이 득세하게 되었다. 게다가 시류에 순응적이고 보수적 색채 일색인 문인협회에게 권력의 비호까지 이루어지면서 전후 우리 시단은 지극히 편협하고 황폐한 형국이 되었다.
　1950년대는 시기적으로 6·25 한국전쟁으로부터 1960년 4월혁명으로 이어지는 소용돌이의 기간을 가리킨다. 전쟁 피해 복구와 상처의 치유는 1950년대의 시대사적 과제였고 전쟁의 비극적 체험과 상흔은 국민 모두에게 인간 실존의 무의미함과 허무주의를 남겨 주었다. 전쟁은 시인들에게 참전(參戰)과 종군(從軍)이라는 적극적 대응 방식에서부터 풍자와 역설의 날카로운 비판 정신, 그리고 센티멘털리즘이나 폐쇄적 자아의식으로의 침윤 등 다양한 정신적 편차를 드러내는 계기를 마련해 주었다. 이와 함께 전쟁은 다시 분단의 고착화를 낳게 되고, 이에 따라 냉전 체제하의 안보 논리는 신성 불가침의 명제로 굳건히 자리잡게 된다.

분단의 직접적인 상처는 한국전쟁으로 나타났지만 그 영향은 비단 정치 사회적인 데만 국한되지 않았다. 우리 문단도 해방과 한국전쟁의 격랑을 거치면서 대대적인 변화를 겪지 않으면 안 되었다. 6·25 한국전쟁은 우리 민족의 삶을 황폐화시켰을 뿐만 아니라 막대한 인명과 재산 피해와 함께 정신적으로도 심각한 상처를 입혔다. 비극적 체험과 상흔은 생존에 어려움과 회의를 안겨 주었으며, 패배 의식과 허무주의를 심화하는 결정적 계기가 되었다. 이러한 시대 배경은 전쟁 체험, 현실 참여, 전통 지향 등의 주제로 문학에 반영되었다.

우선 카프문학의 전통에 뿌리를 둔 이른바 좌익 계열의 시인들이 분단 이데올로기의 한파를 맞아 문학사는 물론 현실 문단에서 사라졌다. 그에 따라 전후의 불모지 같은 풍토에서 '후반기' 동인을 중심으로 1930년대와 대별되는 과격한 모더니즘을 표방하였지만 그 근저에는 낭만주의와 도시의 퇴폐적 정서로 무장한 일군의 시인들이 자리잡고 있다. 한편으로 사회적 주제를 표방한 시들이 급격히 퇴조한 가운데, 순수 서정시를 창작해온 시인들이 크게 부상하였다.

　문예지들로 《문예》와 《현대문학》으로 이어지는 보수 진영의 매체만이 살아남았고, 실향 문인들을 중심으로 1955년도 『문학예술』지가, 또 다른 보수문학단체인 자유문학가협회 주도로 1956년 《자유문학》이 창간된 정도였다. 문단의 지면이 확보되었을 뿐 아니라, 1957년 '한국시인협회'가 결성되어 기관지 《현대시》를 간행하고 국제시인협회에 가입하는 등, 1950년대 후반에 이르러 시단(詩壇)은 새로운 변화와 질서를 모색하는 활발한 기운을 맞게 된다. 그리하여 1955년부터 1959년에 이르는 1950년대 후반에는, 《시와비평》, 《시연구》, 《시작업》 등 각종 시 전문지와 시 동인지들이 간행되는 한편, 100여 권이 넘는 개인 시집들이 상재(上梓)되어 가히 한국 현대시의 르네상스를 이루게 되고, 본격적인 현대시의 출발이 가능하게 된다. 권영민은 이 시기의 시적 특색을 가리켜 이렇게 지적하고 있다.

　　1950년대의 시에서 시정신과 시적 방법의 새로운 모색 과정이 두드러지게 드러나고 있는 점을 지적할 수 있다. 전후시의 경향은 시적 정서를 주축으로 하는 경우와 시적 인식을 주축으로 하는 경우로 대별된다. 전자의 경우는 흔히 '전통파' 또는 '서정파'라는 말로 지칭되고 있다. 후자의 경우는 전자의 경우보다 훨씬 복잡한 양상을 나타내고 있는데, 시적 언어와 형태에 새로운 실험을 감행하면서 서정적 전통의 변혁에 주력해온 시인들과, 사회적 인식과 현실 문제를 시 속에 포괄함으로써 적극적인 서정의 구현에 힘쓴 시인들로 다시 분류해 볼 수 있다. 이들은 각각 '언어파(또는 실험파)'와 '현실파'로 지칭된다.[10]

전통파 시의 가장 큰 특징은 개인의 정서와 감각을 중시하면서 자연의 세계를 폭넓게 시의 영역으로 끌어들이고 있는 점이다. 김관식, 박재삼, 이동주, 박용래, 구자운 등이 바로 이에 속한다고 할 수 있다. 전후의 현실 속에서 일상의 삶에 접근하고 개인의 내면적 정서를 추구한 시인들로는 조병화, 김남조, 정한모, 이형기, 홍윤숙, 성찬경, 박희진, 김종삼, 김종길, 김광림 등을 지목할 수 있다.

그런데 박봉우의 시들은 위의 어떤 조류에도 맞아떨어지지 않는다는 데 그 특징이 있다. 서정적인 데가 있는가 하면, 시어의 구사 면에서는 급격한 서구화, 도시화를 경계하는 미적 자의식에 바탕한 모더니즘적인 데가 엿보인다. 여기에 그치지 않고 한국전 종전 직후의 반공 이데올로기 일변도의 삼엄한 상황 속에서 민족 분단의 현실을 직시하는 선지자적인 정신이 담겨 있다. 정한용은 초기 등단 작품부터 박봉우의 시가 분단에 관해 쓰면서도 분단의 구호에 파묻히지 않고, 4·19를 쓰면서도 결코 감격이나 충동에 휩쓸리지 않는 시적 진정성을 보여주며 이는 당시의 다른 시들과 구별되는 점이라 지적하고 있다.[11] 당시 조선일보 신춘문예 심사자가 모더니스트인 김광섭이라는 것도 의미심장한 시사점을 던져준다. 김광섭의 신춘문예 심사평 일부를 옮겨 보면 다음과 같다.

> 시「휴전선」을 一席으로 택한 것은 시상과 표현이 바로 깨어 있는 까닭이다. 이 시는「휴전선」의 위치에 서 있는 사람으로 하여금 새로운 느낌을 가지게 하고 새로운 의미를 열어 보기 위하여 새로운 형성력을 발휘하고 있다. 별로 빈틈도 없지만 '별들이 차지한 하늘은 끝끝내 하나인데…' '한번

은 천둥 같은 화산이 일어날 것'을 예감하고 있다. 이 예감은 바로 민족의 당면한 현실에 내포된 시인적인 것으로서 일찍이 독일 시인 쉴러가 그의 「서풍부」에서 '나의 입술을 통하여 예언의 나팔을 불게 하라'는 일절을 연상시키는 바가 있다. 허다한 시인들이 쓰는 아름다운 이야기는 이 신인에게 있어서는 국토에 가로놓여 있는 휴전선에서 '아름다운 길은 이뿐인가', '이런 자세로 꽃이 되어야 쓰는가' 라는 죽음에의 산화로서 흔히 있는 전쟁시나 애국시와 類를 달리하고 있다.[12]

위의 글 가운데서 주목되는 것은 우선 '새로운 느낌을 가지게 하고 새로운 의미를 열어 보기 위하여 새로운 형성력을 발휘하고 있다'는 대목이다. 명시적인 언급은 아니지만 이는 박봉우의 시가 관습적 언어 사용에 그치지 않고, 시어의 다의적 사용을 통해 모더니티를 구현하고 있다는 지적이다. 나아가 그 같은 시적 기교가 통일에의 비원이라는 '민족의 당면한 현실에 내포된 시인적인 것'을 내포하고 있음을 밝히고 있다. 그의 지적대로 「휴전선」은 단단한 시적 골격과 강한 흡인력을 지닌 서정성을 지니고 있으면서도, 반어적 환기를 통해 의도가 생경하게 드러나기 십상인 목적시와는 다른 넓은 공감대를 불러일으키는 힘을 담지하고 있었다.

산과 산이 마주 향하고 믿음이 없는 얼굴과 얼굴이 마주 향한 항시 어두움 속에서 꼭 한 번은 천둥 같은 화산이 일어날 것을 알면서 요런 자세로 꽃이 되어야 쓰는가.

저어 서로 응시하는 쌀쌀한 풍경. 아름다운 풍토는 이미 고구려 같은 정신도 신라 같은 이야기도 없는가. 별들이 차지한 하늘은 끝끝내 하나인데… 우리 무엇에 불안한 얼굴의 의미는 여기에 있었던가.

모든 유혈(流血)은 꿈같이 가고 지금도 나무 하나 안심하고 서 있지 못할 광장. 아직도 정맥은 끊어진 채 휴식인가 야위어가는 이야기뿐인가.

언제 한 번은 불고야 말 독사의 혀같이 징그러운 바람이여. 너도 이미 아는 모진 겨우살이를 또 한 번 겪으라는가 아무런 죄도 없이 피어난 꽃은 시방의 자리에서 얼마를 더 살아야 하는가 아름다운 길은 이뿐인가.

산과 산이 마주 향하고 믿음이 없는 얼굴과 얼굴이 마주 향한 항시 어두움 속에서 꼭 한 번은 천둥 같은 화산이 일어날 것을 알면서 요런 자세로 꽃이 되어야 쓰는가.

-「휴전선」전문

이 시는 1956년도 조선일보 신춘문예 당선작으로 타의에 의한 동족상잔의 비인간적 포성이 멎은 지 얼마 안 되는 전후 한국 사회에 매우 큰 사회적 반향을 일으킨 작품이다. 강요된 이데올로기의 첨예한 대립과 비이성적인 적대감을 극복하고 민족이 뜨겁게 하나가 되는 통일이 올 날을 갈망하는 시인의 절규가 완곡한 격조 있고 절제된 산문 형식으로 형상화되어 있는 작품이다. 박봉우의 이 시는 모윤숙의 전쟁시「국군은 죽어서 말한다」와는 달리 진영 논리를 넘어서고자 하는 모습을 보인다는 점에서 주목을 요한다. 한국전쟁 직후 당시는 모윤숙의 시적 논리가 한 점의 의심도 없이 공유되었다. 박봉우의「휴전선」은 북한은 동족이 아니라 원수고 적이라는 시각, 즉 반공이데올로기가 남한 사회를 지배하고 있을 때 전쟁을 넘어 평화와 통일의 염원을 담고 있어 전쟁 테마 시의 패러다임의 대전환을 보여준 작품이라 할 수 있다.

1956년은 해방 공간의 혼란과 한국전쟁의 소용돌이 속에서 끊겨 있던 신춘문예가 처음으로 부활한 해였다. 해방 후 《현대문학》 등 순수문학 진영의 문예지들을 통한 추천 제도가 다양한 시적 경향을 반영하지 못하고 있던 차에 신문문예 공모를 통한 신인의 배출은 문단뿐만 아니라 온 사회의 지대한 관심사였다. 마침 그때 1956년 1월 1일 아침 조선일보는 추봉령(秋鳳嶺)의 「휴전선」을 당선작으로 발표하였다. 전후의 엄혹한 현실에서 분단 현실을 정면으로 다루는 시를 당선작으로 뽑음으로써 분단 내외의 비상한 관심을 모았다. 신문이 절대적인 영향을 끼치던 시대였기 때문이다. 추봉령은 전남 광주의 정치학도인 박봉우(朴鳳宇)의 필명이었다. 그는 당선이 되자마자 곧 본명으로 시작 활동을 활발하게 전개하였다. '언제 한번은 불고야 말 독사의 혀같이 징그러운 바람이여, 너도 이미 아는 모진 겨우살이를 또 한번 겪으라는가. 아무런 죄도 없이 피어날 꽃은 시방 자리에서 얼마를 더 살아야 하는가. 아름다운 길은 이 길뿐인가.' 라고 절절하게 분단의 아픔을 노래하고, 그 이면에서 통일을 염원하는 정서를 갈무리함으로써 박봉우는 당시 체제에 순응하고 있던 지식인들에 일갈을 가하는 한편 불온한 현실을 깨뜨려야 한다는 공감대에 불을 당겼다.

전남대 정치학과를 중퇴한 그는 하루아침에 기린아가 되어 서울에 올라왔고, 신춘문예 당선의 영예를 등에 업고 전남일보 서울 주재 기자가 되었다. 그리고 당시 분단 현실을 고뇌하면서 문인협회 중심의 보수 문학 체제에 염증을 느끼고 있던 김관식, 신동문, 신동엽 등과 교유하면서 살아 있는 정신과 새로운 시 구현의 길을 함께 고민하였다. 그는 또한 명문 광주고의 후배로 서울대 국문과에 재학 중이던 박철, 임보, 당시 서라벌 문예창작과 재학생으로 오늘날 재야 역사학자로 활동이 왕성한 이이화씨 등과 어울리기도 했다.

하지만 박봉우의 활기찬 서울 생활은 그리 오래 가지 못했다. 지방 신문의 주재 기자로 재직하던 중에 취재차 목포에 갔다가 집단폭행을 당한 후로 발작적인 정신 분열 증세를 나타내기 시작한 것이다. 박봉우의 제3시집 『4월의 화요일』 후반부에 수록된 기록들을 보면 박봉우는 4월혁명 직후인 6월경부터 정신 분열 증세가 나타난 것으로 보인다. '나는 오늘도 잠을 못 자는/ 약보다도 술이 없으면 더욱/ 잠을 못 자는 지성을 잃고 있는/ 정신병자.'(「지성을 앓고 있는 공동묘지」), '가을은 나의 입으로 들어와/ 건강한 병을 앓게 한다'(「가을 주점」), '경무대가 폭풍이 친 날… 젊은 시인은/ 고향에 고향에 돌아와, 지금은/ 너무나 아름다운 화요일./ 알면서도 미쳐가는'(「참으로 오랜만에」), '고독은/ 나의 병원의/ 음악에 젖는/ 실내악'(「소묘 42」) 등을 통해 병적 징후를 분명히 드러내고 있다. 특히 '고독'이라는 존재론적 위기 의식을 뚜렷이 표출함으로써 그 스스로 하나의 질환이 되어버린 것이다.

박봉우의 등단작 「휴전선」을 정서적인 독법을 버리고 냉철하게 읽어 보면, '산', '화산', '불안한 얼굴', '정맥', '꽃' 등 풍부한 환기력을 지닌 상징 시어들로 탄탄하게 직조되어 있음을 알 수 있다. 이런 시어들은 어떤 의미에서는 전후의 척박한 현실을 벗어나 인간다운 삶으로 회귀하고자 하는 비원을 일깨워 주는 원형상징에 바탕해 있다고 볼 수 있다. 「휴전선」은 바로 휴전 직후에 조선일보 신춘문예 당선작으로 발표되어, 포화가 멈춘 폐허 위에서 갈피를 못 잡고 살아가고 있는 많은 사람들에게 슬픈 충격을 안겨주었다. 휴전선이 언제까지 갈 것인지 휴전이 무엇을 뜻하는 것인지 만사가 불확실한 상태에서 사람들은 이 작품을 읽고 일종의 예언적인 어두운 메시지를 느꼈다. 독자들은 이 작품의 격정적인 수사와 격앙된 운율에 압도되어 그의 시가 나타내고자 하는 의미 이상의 것들이 읽혀진다.

화자는 1, 5연에서 수미상관으로 '믿음이 없는 얼굴과 얼굴이' 155마일 휴전선을 마주하고 있는, 우리 민족 누구도 원하지 않는 분단 상황을 담담한 어조로 제시하고 있다. 화자는, 휴전선이 '꼭 한 번은 천둥 같은 화산이 일어날 것을 알면서'도 '꽃'이 되어 있다고 지적한다. 여기서 '꽃'은 겉으로 보기에 외세에 떠밀려 들어온 문물의 범람으로 그럴듯해 보이지만, 전혀 그렇지 못하다는 아이러니이다. 따라서 겉모습을 그럴듯하게 꾸민 채 내면으로는 타의에 의해 더욱 깊어진 증오심을 품은 채 대치해 있는 분단 현실을 상징한다고 볼 수 있다. '요런 자세'는 민족이라는 동질성을 상실하고 적의로 똘똘 뭉쳐 서로 상대방을 부정하고 배척하는 모습을 가리킨다. '저어 서로 응시하는 쌀쌀한 풍경.'은 요런 자세를 풀지 않으려는 반통일 세력들의 완고한 행태를 지적하면서, 나아가 이 같은 아집을 버릴 때 민족이 하나 되는 날이 오리라 암시하고 있는 셈이다.

  2연에서 화자는 좁은 반도의 영역을 넘어 만주 벌판을 달리며 민족의 지평을 넓혀간 바 있는 '고구려 같은 정신'이나 삼국을 통일한 '신라 같은 이야기' 같은 드라마를 민족이 일치 단결하여 만들어야 한다고 말하고 있다. 남과 북이 각기 작은 권력과 체제 옹호 이데올로기를 버릴 때 '별들이 차지한 하늘은 끝끝내 하나'이듯 대동단결과 번영의 새 세기는 드넓은 하늘처럼 펼쳐질 것이라는 믿음을 노래하고 있다. 여기서 '불안의 얼굴'은 불안정한 휴전에 따라 언제 터질지 모르는 전쟁의 공포에 시달리는 현실을 가리킨다고 볼 수 있다.

  3연에서는 타의에 의한 국토와 민족의 분단이 초래하는 현실을 되돌아보고 있다. 남북 공히 해방과 국토의 통일을 제 쪽에서 이룩하겠다고 나섰지만, 그 결과는 씻을 수 없는 비극으로 치닫게 된다는 것을 지적하고 있다. 화자는 '유혈(流血)은 꿈같이 가고 지금은 나무 하나 안심하고 서 있지 못하는 광장'이라고 언술함으로써, 전쟁의 깊은 상처가 아물지 않은 채 휴전 상태가 불안하게 지속되어서는 안 된다고 지적한다. 서로 증오하면서 무기를 든 채 노려보는 남북의 대치 현실을 '정맥이 끊어진' 상태로 알레고리화하는 한편, 휴식이 아닌 죽음으로 가는 길이라고 말하고 있다. 즉, 화자는 분단 상황이 계속되면 될수록 민족의 생명력은 더욱 줄어들고 그 역량도 야위어 갈 것이라고 경고하고 있는 셈이다.

  4연에서 화자는 '독사의 혀 같은 징그러운' 증오의 말들이 오가는 현실을 지적하는 한편, '모진 겨우살이를 또 한번 겪으라는가'

하고 설의함으로써 증오와 냉전을 하루 속히 끝내고 동족상잔의 비극이 다시는 없어야 한다고 강조하고 있다. 휴전 상태는 전쟁을 잠시 멈춘 상태를 의미하며 언제든지 쌍방에서 유혈이 낭자한 전쟁이 촉발될 수 있다는 위험이 잠재되어 있다. '언제 한 번은 불고야 말 독사의 혀같이 징그러운 바람이여.'라고 표현은 민족의 동질성은 무시된 채 오직 증오와 죽음만이 난무하는 상황이 언제든지 도래할 수 있는 현실에 대한 경구이다. 휴전이 바삭 깨져서 타협과 화해 아닌 증오의 언어와 살상만을 주고받는 상황만 조성되면 독사는 사정없이 물어뜯듯 민족은 씻을 수 없는 상처를 입을 것이다. ㅇ여기서 '시방의 자리'는 녹슨 철책 사이로 지뢰밭이 무성한 휴전선을 가리키는 말이다. 동족상잔 재발의 불씨가 일촉즉발로 여겨지던 휴전 상태를 말하면서 하루 빨리 그 위험이 제거되기를 희망하는 마음이 담겨 있다. 분단 70년을 훌쩍 넘기고서, 최근 들어서야 겨우 '시방의 자리'가 일촉즉발로는 여겨지지 않지만, 여전히 '산과 산이 마주 향하고 믿음이 없는 얼굴과 얼굴이 마주 향한 항시 어두움 속'인 휴전선의 비극은 현재 진행형이다.

나아가 화자는 '죄도 없이 피어난 꽃은 시방의 자리에서 얼마를 더 살아야 하는가'라고 물음으로써, 전후 세대들에게 아무런 영문도 없이 고통을 짊어지게 해서는 안 된다고 말한다. '아름다운 길' 역시 전후 외래 문물의 도래로 빚어진 그럴듯한 문명을 가리키면서, 그 반대의 의미 즉 민족이 하나 되지 않는 한 더없이 추하다는 것을 환기하고 있다. 마아가 아무리 그럴듯한 미사여구로 장식된 전쟁이라 하더라도 그것은 결국 죄 없는 민초들의 희생을 초래할 뿐인, 기득권층이 만들어 놓은 허황된 지배 윤리라는 것을 잘 보여 주고 있다.

상징(象徵)은 비유보다 더 포괄적인 표현 방법으로, 어떤 사물이 그 자체의 고유한 의미를 유지하면서 보다 포괄적인 다른 뜻을 암시하는 표현 방법이다. 이 때 원관념은 전혀 드러나지 않으며, 보조 관념의 의미는 암시적이고 여러 가지 해석이 가능하다. 예로 들면 시, 「휴전선」 속의 '꽃'의 원관념이 조국 공동체, 민족 개개인을 포괄하고 있다면, 보조 관념은 '꽃'으로 암시된다. 이때 '꽃'은 전쟁을 통해 겪은 개개의 다양한 내면적 불안 심리와 미래에 불어닥칠 민족 자화상까지 실로 다양한 얼굴로 암시된다. 얼마나 절묘한 시적 뉘앙스인가.

여기서 꽃은 우리네 마음속에 오래 잠재해온 원형상징으로, 분단체제를 혁파하고 갈라진 민족이 하나 되어 오순도순 아름답게 살아가는 모습을 가리킨다. 원형상징(原型象徵)이란 한 개인이나 민족 구성원의 차원을 넘어서 고대로부터 현대까지 이어지며 되풀이되는 인류의 보편적 상징을 가리킨다. 원형(archetype)은 역사나 문학, 종교, 풍습 등에서 수없이 되풀이된 이미지나 화소(motif)나 테마다. 동시에 그것은 인류에게 꼭 같거나 유사한 의미를 지니고 있다. 이런 반복성과 동일성이 원형적 상징의 본질적 속성이다. 원형상징을 이루는 이미지는 많은 작품에 되풀이되어 나타나며, 모든 인간에게 유사한 의미나 반응을 환기시키는 심상이다. 그러므로 이것은 어떤

한 작품의 개별적인 의미나 정서를 초월한다.[13]

이처럼 원형상징은 민족의 역사나 습속에 뿌리 깊게 내면화되어 있는 상징인바, 박봉우의 시들에서 우리는 적잖게 이 같은 원형상징의 흔적을 발견할 수 있다. 가령 박봉우의 시들에게는 종차(種差)로 구별되는 명사군 가운데 비교적 상위에 해당하는 명사군이 다수 등장하는 것을 볼 수 있는데, 이는 그가 우리 민족의 삶 내부에 도사리고 있는 원형적인 것들에 관심을 갖고 있기 때문이라고 볼 수 있다. 가령 '꽃'이라는 명사가 자주 등장하는 데 비해, 국화나 진달래, 코스모스 등의 하위 항목에 해당하는 명사들은 그다지 자주 사용되고 있지 않은 것이 그의 어법을 잘 말해주는 증좌이다.

그리고 또 우리는 이 시 속에서 암시(暗示)의 역할이 시 창작 기법에 대단히 중요하다는 걸 감지한다. 시인은 시어 '꽃'을 통해 남북의 긴박한 대치와 불신의 골을 '천둥 같은 화산(火山)이 일어날 것을 알면서 요런 자세(姿勢)로 꽃이 되어야 쓰는가'로 비유했다. 비유가 자신이 표현하려는 사물의 현상, 상태, 마음의 움직임을 다른 사물에 빗대 구체적인 연상을 불러일으키게 하는 표현 기법이라면, 암시는 직접적이지 않고 함축성 있게 어떤 의미를 넌지시 깨우쳐 준다. 심리학에선 이치나 명령에 의하지 않고 직접으로 행동을 유발하는 일을 말하며, 시에서는 남의 생각하고 활동하는 능력을 빼앗고, 어떤 행동을 일으키도록 하는 자극, 즉 최면술 같은 효과가 있다. 마치 우리가 시어 '꽃'이 내포하는 비유적 상징의 의미를 곱씹게 되는 것처럼, 암시 또한 시의 가독성과 흡인력 세계로 끌어들이며, 시 화자가 의도하는 대로 옮겨가게 된다.

또한 반어법을 사용하여 은근하게 전후의 분단 현실을 냉철하게 투시하였다. 즉 '저어 서로 응시하는 쌀쌀한 풍경'을 '아름다운 풍토'라고 언술함으로써 겉보기와는 달리 남북 대립 상황의 암담한 현실을 드러냈다. 이어서 '아무런 죄도 없이 피어난 꽃은 시방의 자리에서 얼마를 더 살아야 하는가. - 아름다운 길은 이뿐인가'라는 반어적 표현을 통하여 현실 상황에 대한 통렬한 비판과 맹성을 촉구하는 의미를 담고 있다.

나아가 전반적으로 반어를 기반으로 하고 있다고 볼 수 있다. 동복끼리 서로 총을 겨누었지만, 겨레붙이로서의 의지가 아닌 대리전쟁이 초래한 비극에 대해서 비판적인 태도를 취하고 있다. 이 시에서 주된 상징 시어로 등장하고 있는 '꽃'은 전쟁의 상황을 소극적으로 수용하는 태도 혹은 일시적인 평화나 불안정한 상태를 의미한다. 꽃은 마음대로 움직일 수 있는 존재가 아니며 태어난 자리에 그대로 자라는 성질을 가지고, 연약한 이미지를 갖고 있기 때문이다. 즉 제대로 피어날 시간과 장소를 택해 잘못 피어났다는 의미를 환기한다. 즉, '천둥 같은 화산'으로 비유되는 전쟁이 일어날 수도 있는데 너는, 우리는 이렇게 소극적이고 연약한 자세로만 이를 받아들여야 하는가라고 겨레붙이들에게 되묻고 있다고 볼 수 있다. 꽃의 이 같은 상징적 의미를 제대로 파악한다면 그 반의가 무엇을 가리키고 있는지 짐작하기 어렵지 않다. '저어 서로 응시하는 쌀쌀한 풍경(風景). 아름다운 풍토(風土)는 이미 고구려(高句麗) 같은 정신도 신라(新羅) 같은 이야기도 없는가. 별들이 차지한 하늘은 끝끝내 하나인데… 우리 무엇에 불안한 얼굴의 의미는 여기에 있었던가.'라는 대목에서 드러나듯, 그의 시는 분단 조국의 현실을 날카로이 응시하고 고발하기도 하였지만, '별들이 차지한 하늘은 끝끝내 하나'라는 데서 보듯 타의에 의한 분단을 극복하고 민족이 하나 되는 통일을 요구하는 민초들의 정서를 담아내고 있다.

1957년 발표된 그의 또 다른 수작「나비와 철조망」역시 '나비'와 '철조망'이라는 두 개의 이질적인 제재를 통해, 분단된 민족의 아픔을 형상화하고 있다. 통일과 평화에 대한 갈망을 '나비와 철조망'이란 시적 매개를 통해 시인은 궁극적 민족 공동염원으로 '꽃밭'을 소망한다.

1.2. 기존의 평가와 새로운 접근

일제 식민치하에서 갓 벗어난 한국 사회는, 좌익과 우익의 극한 대립 양상으로 급기야 한반도가 두 토막 나더니, 극단의 아수라장으로 변한다. 1950년 6월 25일 새벽 4시 남침은, 한국전쟁의 참혹한 불바다로 만들었다. 불과 2개월 남짓 만에 대구 부산 낙동강 방어선만 남긴 채, 남한은 절벽에 선다. 9월 15일 맥아더 인천 상륙 작전 감행으로 구사일생한 남한은, 중공군 개입, 1·4후퇴를 거치며, 이후 1953년 7월 27일 오전 10시 정전회담 협정문에 서명할 때까지,

무참하게 동족을 살육한다. 이런 현실에 관심을 보이는 시가 등장한 것은 50년 대 후반의 일이고 본격적으로 전개된 것은 1960년대 이후의 일이다. 이숭원은 다음과 같이 지적한 바 있다.

> 처참하고 비속한 현실을 대상으로 시를 쓴다는 것은 당시 시인에게 참으로 괴로운 일이었다. 결국 그들은 눈에 보이지 않는 내면의 세계를 시로 다룰 수밖에 없었다. 이데올로기 역시 눈에 보이지 않는 영역이었지만, 사상을 내세운 동족상잔의 전쟁은 이데올로기에 대한 병적기피증을 남겨 놓았기 때문에 시에 수용되지 못한다.
> 그러므로 당시 시인들은, 관념의 영역 속에서 모더니티의 탈을 쓰고 실험기법을 동원해 보거나, 인간의 실존적 차원에 관심을 기울여 존재 탐구의 시를 써보거나, 전통적인 서정시의 영역 속에서 내면성을 드러내는 작업을 하였다. 흔히 전후 시의 세 측면으로 거론되는 모더니즘 시, 존재 탐구의 시, 순수 서정시가 바로 그것인데, 이 시들은 바로 이런 배경을 공유하고 있다.[14]

이런 첨예한 좌우사상의 피 터진 사상논쟁의 와중에서, 시「휴전선」을 내놓는다는 것은 상당한 용기를 수반한 위험한 시도였다. 작품의 의도와 상관없이 자칫 빨갱이로 몰릴, 부조리가 활개치는 암울한 시대였기 때문이다. 그럼 시「휴전선」은 어떤 면에서 좋은 시일까. 먼저 이 물음에 접근하기 전, 대다수 현대 시인들의 좋은 시 선정기준이 무엇인지 알아볼 필요가 있다. 첫째, 대상에 대한 예사롭지 않은 발견과 성찰. 둘째, 시적 형상화의 미학. 셋째, 가독성과 흡인력 높은 작품. 넷째, 나태한 일상을 흔들고 긴장하게 만드는 힘.

다섯째, 현실 체험을 바탕한 참신성과 언어의 현학성, 난해성에 빠지지 않는 작품 등으로 요약된다.

1955년 김춘수의 시「꽃」이《현대문학》9월호에 발표되었다. 이 시는 발표와 함께 독자들의 큰 사랑을 받았다. 사랑하는 사람으로부터 자신의 존재를 확인받고 싶어하는 청춘의 불안 의식과 고뇌의 사념을 실존적 자각 위에서 '꽃'으로 승화시킨 작품이다. 이후 줄곧 한국 현대시 속 '꽃'은 시 언어 그대로가 하나의 여성적 상징이 된다. 추측컨대, 1956년 시「휴전선」속에 '꽃'이 나타나는 것으로 보아, 박봉우 역시 김춘수의「꽃」을 탐독했을 개연성이 높다.

그러나 시「휴전선」은, 김춘수의 '꽃'을 넘어 고정 관념을 뒤집는 예사롭지 않은 발견과 성찰이 일품이다. 그 때까지 '꽃'의 시적 소재는 사랑과 이별의 정한인 서정적 사유에 국한되거나 존재론적 의미 부여가 대부분이었다. 시「휴전선」속 '꽃'의 문맥적 의미를 유심히 들여다보면 존재론적 의미를 딛고선, 민족 개개인의 상징이 '꽃'으로 암시된다는 것을 유추할 수 있다.

「휴전선」속 '꽃'의 원관념이 조국 공동체, 민족이라면, 보조 관념은 '꽃'으로 암시된다. 이 때 '꽃'은 전쟁을 통해 겪은 개개의 다양한 내면적 불안 심리와 미래에 불어닥칠 어리석은 민족 자화상까지 실로 다양한 얼굴로 암시된다. 얼마나 절묘한 시적 뉘앙스인가.

시인은 시어 '꽃'을 통해 남북의 긴박한 대치와 불신의 깊은 골을 '천둥같은 화산(火山)이 일어날 것을 알면서 요런 자세(姿勢)로 꽃이 되어야 쓰는가.'로 비유했다. 비유가 자신이 표현하려는 사물의 현상, 상태, 마음의 움직임을 다른 사물에 빗대 구체적인 연상을 불러일으키게 하는 표현 기법이라면, 암시는 직접적이지 않고 함축성 있게 어떤 의미를 넌지시 깨우쳐 준다. 심리학에선 이치나 명령에 의하지 않고 직접으로 행동을 유발하는 일을 말하며, 시에서는 남의 생각하고 활동하는 능력을 빼앗고, 어떤 행동을 일으키도록 하는 자극, 즉 최면술 같은 효과가 있다. 마치 우리가 시어 '꽃'이 내포하는 비유적 상징의 의미를 곱씹게 되는 것처럼, 암시 또한 시의 가독성과 흡인력 세계로 끌어 들이며, 시 화자가 의도하는 대로 옮겨가게 된다.

박윤우는 1950년대 전후 시인들의 비극적 현실 인식은 전쟁의 참혹성과 그 피해로 인한 모든 사회 구성원들의 정신적 상실감과 황폐감에 따른 것인바, 전쟁기와 전후 상황을 통해 만연된 비극적 시대 인식은 이 시기 시문학이 비관주의 내지 허무주의적 내면적 상황을 토대로 하게끔 하였다고 진단한다.[15] 전후의 모더니즘에 침윤된 적잖은 시인들이 이 같은 시적 궤적을 그리고 있는데 비해 박봉우는 타의에 의한 분단 현실을 직시하면서 나아가 이의 극복이라는 정신적 과제를 환기시키는 데까지 나아간 데 독특성이 자리한다. 위의 시에서 '산과 산이 마주 향하고 믿음이 없는 얼굴과 얼굴이 마주 향한 항시 어두움 속에서 꼭 한 번은 천동 같은 화산이 일어날 것을' 안다는 것은 그 같은 인식의 일단을 드러낸 것이라 볼 수 있다.

설의법은 수사적 의문법으로, '응답을 바라고 하는 질문의 형태'가 아니라, '질문이라기보다 질문의 형식을 빈 주장이다. 그러니까

주장 또는 느낌을 직접 진술하는 것보다 더 큰 효과를 얻기 위해' 사용되는 시적 장치로 보았다. 즉, 비판적 의문에 대해 독자 스스로 명백한 답을 찾도록 유도한다. 이 시의 백미는, 시어 '요런 자세(姿勢)로 꽃이 되어서 쓰는가'가 의미하는 심층적 알레고리다. 수미상관의 수사를 통해 두 번 다시 6·25와 같은 동족상잔의 어리석음을 범하지 말기를 간절히 부르짖는 실존적 표현이다. 전쟁의 참혹함에 대한 뼈저린 체험이 고스란히 투영된 시, 「휴전선」은 박봉우가 피로 찍어 쓴 전후 최초의 분단 상황 고발과 통일을 염원하는 메시지를 담은 절창임을 새삼 확인한다.

2. 건강한 서정의 회복

2.1. 민족 주체적인 시각에서 바라보다

1950년대 후반은 우리 문단사상 보기 드문 시의 르네상스 시대였다.[16] 1955년 이후에 창간된 여러 문예 잡지와 각 일간지의 신춘문예를 통해 많은 신진 시인들이 쏟아져 나왔으며, 이들은 전대 시인들의 모더니즘 대 전통서정시 계열의 이분법적 경직성에서 벗어나서 다양한 시적 경향을 갖추는 데 노력을 기울였다. 이러한 노력은 1950년대 문학사 속에서 낡은 것을 이겨낼 새로운 요소로서의 역할을 담당해냈다고 볼 수 있다. 당시 전쟁을 소재로 한 대부분의 작품이 전쟁 상황의 비참함을 포착하고 있거나 전쟁이 야기한 인간성 말살에 대한 허무의식, 혹은 반공의식의 고취를 나타내고 있는 등의 전쟁의 비극성을 형상화 하는데 주력한 반면에, 박봉우는 시에서 전쟁으로 남북이 대립하고 있는 분단 현실에 대한 안타까움과 모순, 그러한 모순의 극복을 향해 노력하는 모습을 보여 주어서 전후 현실을 보다 민족 주체적인 시각에서 바라보고 있음을 알 수 있다.

그러나 박봉우의 시들은 민족 현실의 부각에 급급하기보다 서정적 접근법을 취했다는 데 있다. 1957년에 발표된 그의 또 다른 수작 「나비와 철조망」 역시 '나비'와 '철조망'이라는 두 개의 이질적인 제재를 통해, 분단된 민족의 아픔을 형상화하고 있다. 통일과 평화에 대한 갈망을 '나비와 철조망'이란 시적 매개로 설정하는 한편, 시인은 궁극적인 민족 공동의 염원으로서 '꽃밭'을 설정한다.

> 지금 저기 보이는 시푸런 강과 또 산을 넘어야 진종일을 별일없이 보낸 것이 된다. 서녘 하늘은 장미빛 무늬로 타는 큰 눈의 창을 열어… 지친 날개를 바라보며 서로 가슴 타는 그러한 거리에 숨이 흐르고.
>
> 모진 바람이 분다. 그런 속에서 피비린내 나게 싸우는 나비 한 마리의 생채기. 첫 고향의 꽃밭에 마즈막까지 의지하려는 강렬한 바라움의 향기였다.
>
> 앞으로도 저 강을 건너 산을 넘으려면 몇 '마일'은 더 날아야 한다. 이미 날개는 피에 젖을 대로 젖고 시린 바람이 자꾸 불어간다 목이 빠삭 말라버리고 숨결이 가쁜 여기는 아직도 싸늘한 적지.

벽, 벽… 처음으로 나비는 벽이 무엇인가를 알며 피로 적신 날개를 가지고도 날아야만 했다. 바람은 다시 분다 얼마쯤 날으면 아방의 따시하고 슬픈 철조망 속에 안길,

이런 마즈막 '꽃밭'을 그리며 숨은 아직 끝나지 않았다 어설픈 표시의 벽. 기(旗)여…

-「나비와 철조망」 전문

이 시는 '나비'와 '철조망'이라는 두 개의 이질적인 제재를 통해, 분단된 민족의 아픔을 형상화하고 통일과 평화에 대한 갈망을 표현한 작품이다. '나비'는 근현대사의 질곡을 겪은 우리 민족을 상징하며, '철조망'은 분단과 대치의 현실을 상징하는 것이다. 작가는 남쪽 또는 북쪽의 입장에서 상대를 적대시하는 관점을 나타내는 것이 아니라 그 반대로 분단과 대치의 상황이 반드시 끝나야 함을 말하고 있다. '나비'의 관점에서는 '얼마쯤 날으면 아방의 따시하고 슬픈 철조망 속에' 안길까 하고 초조감과 피로감을 토로하지만, 작가는 이런 '철조망'이 아니라 진정한 '꽃밭'을 소망하고 있는 것이다.

이 작품 역시 저변에 분단 현실에 대한 인식과 극복 의지가 깔려 있다. 그러나 어디에도 목소리를 높여 분단 현실을 개탄하거나 구호적으로 통일을 외치는 대목이 드러나 있지 않다. 그보다는 일상에 내면화된 분단의 상처와 그것이 깨쳐지기를 바라는 화자의 마음 씀씀이가 잔잔한 서정적 문체로 그려져 있다. '벽, 벽… 처음으로 나비는 벽이 무엇인가를 알며 피로 적신 날개를 가지고도 날아야만 했

다. 바람은 다시 분다 얼마쯤 날으면 아방의 따시하고 슬픈 철조망 속에 안길'이라는 대목은 국토 분단의 아픔이 우리 네 삶에 얼마나 벽으로 가로막혀 있는가를 비통하게 그리고 있다. 이 시에는 구호적인 시어보다, '나비'와 '철조망', '벽' 등의 상징 시어가 서정적 분위기 속에 군데군데 삽입됨으로써 시적 깊이를 더하는 한편, 읽는이로 하여금 화자가 펼쳐놓은 통일 의지 속으로 빨려 들어가게 하고 있다. '벽'은 냉전 체제 아래서 우리 민족의 의지와 관계없이 가로놓인 분단 현실을 상징한다. 그 대척점으로 설정된 '나비'는 분단의 장벽을 넘어 자유롭게 넘나드는 자유를 상징한다. 세력을 확장하려는 욕망으로 점철된 냉전 세력이 아무리 가로막아도, 굴복하지 않는 민족의 자존과 통일 의지로 확장된다고 볼 수 있다. 이렇게 볼 때 '나비'와 '철조망'은 이항대립어로 각기 열강에 의하여 갈라진 강토를 자유롭게 넘나드는 민중과 이를 끊임없이 가로막는 냉전 비호 세력을 환유(換喩)한다고 볼 수 있다.

　아름다움만으로 피나게 싸워 바다의 그 깊은 밑바닥에서 열려오는 그것은 먼먼 하늘같이 트여 오는 창이 아닌가.

　진한 팔월의 태양. 홍색 장미가 무르녹게 내 마음 언저리에도 피어 이 중립지대에 무슨 기를. 기를 세워야 쓰는 게 아닌가.

　발목같이 연한 이 어린 것에게 햇살같이 따시한 보듬음을 주시려는 이젠 오월 같은 것이 아닌가.

몇 번이고, 몇 번이고 제대로 피어나려는 그 미미한 눈물 같은 것에게 이런 넓은 하늘을 주려는 것인가.

내가 사는 영토에, 또 세계에 무슨 의미를 주는가 모진 바람이 불어도 끝끝내 날아올 저 꽃밭에,

피 먹은 나비여…
　　　　　　　　　　　　　　－「저항(抵抗)의 노래」 전문

위에 든 시는 나비의 또 다른 환유를 바탕으로 하여 씌어져 있다. 시인이 설정하고 있는 나비는 타의에 의해 강요된 이데올로기라는 장벽을 넘나드는 존재로 설정되어 있다. 하지만 마음먹은 대로 살의가 번득이는 군사분계선을 넘나드는 존재가 아니라 '피 먹은 나비'라는 설정에서 보듯 장벽은 희생을 감수함으로써만 열릴 수 있다는 사유를 담지하고 있다. 화자는 첫 대목에서 '먼먼 하늘같이 트여 오는 창'을 갈망하고 있음을 피력한다. 이것은 굴종과 억압에서 벗어나 활짝 트인 전망이 함께하는 삶의 은유이다. 하지만 그같이 열린 전망을 거저 주어지는 것이 아니라 '아름다움만으로 피나게 싸워 바다의 그 깊은 밑바닥에서 열'어가야 한다고 힘주어 말한다. 이것은 민초들이 자신이 처한 제한되고 어려운 삶을 박차고 일어서기 위해서는 '피'로 상징되는 희생을 기꺼이 감수해야 한다는 말이다. 시인은 그 같은 자기 혁신을 아름답다고 말함으로써 굴종이 아닌 저항의 정신이야말로 민초들이 체득해야 할 정신이라고 힘주어 말하고

있다. 화자는 '진한 팔월의 태양', '홍색 장미', '햇살같이 따스한 보듬음' 등의 명징한 이미지를 동반한 시어를 통하여 1950년대의 현실에서 필요한 것은 물질적 부를 넘어 인간적인 따사로움이 충만한 세계라는 점을 환기하고 있다.

2.2. 함축적 이미지 통한 주제 구현

이미지(image)는 원래는 심리학에서 인간의 지각 과정을 설명하기 위한 용어이다. 심리학적 현상으로 인간의 의식 상태와 무의식 상태 등 기억, 기억, 상상, 꿈, 환상 등에 의하여 마음속에 떠오르는 감각적 지각 대상이 모두 이미지가 될 수 있다. 이것은 우리말의 심상(心象)에 해당하는 용어로, 체험을 통해 머릿속에 저장된 감각적 지각을 재생시키는 것을 가리키는 말이다. '언어에 의해 정신 속에 생산되는 이미지들'을 가리켜 이론가들은 이미저리라 부르는데, 이것은 문학의 본질을 언어에서 찾는다는 측면과, 또한 개별적 이미지들의 집합이라는 측면을 동시에 포함한다.

또한 '중립지대', '오월', '넓은 하늘', '모진 바람이 불어도 끝끝내 날아올 저 꽃밭' 등의 시어들을 통하여 타의에 의하여 강요된 분단은 일방의 승리가 아닌 서로에 대한 인정과 양보를 통하여 극복될 수 있다는 인식을 드러내고 있다. 이 시의 어디에도 통일이나 분단 해소라는 단어는 등장하지 않지만 1950년대 분단 현실에서 이 같은 사유를 이끌어낸 것은 실로 대단하다 하지 않을 수 없다. 이것은 신동엽이나 김수영에 앞서서 박봉우가 일찍이 1950년대라는 엄혹한 공간에서 양보와 공존을 통한 민족 통일이라는 사유를 시적으로 노래했다는 점에서 그 의의가 적지 않다.

> 섬 하나 없는 바다에 한 마리 나비가
> 날고 있다고 생각해보십시오.
>
> 어데로 향하야 어떻게 날아갈 것인가.
> 저리도 연약한 나래를 가지고…
>
> 모든 아애들로 피어 잠자는 꽃밭으로,
> 구름밭으로 찾게 해주십시오.
>
> 저어 풍랑 많은 바다에 던져지기 전에
> 한 마리 나비를 어서 가게 해주십시오.
>
> －「도(禱)」 전문

위의 시에서 보듯 박봉우는 전후의 폐허 속의 인간을 '나비'로 상징하는 한편, 그것이 처한 현실을 '섬 하나 없는 바다'로 환유하고 있다. '꽃밭', '구름밭' 등의 시어에 보이듯 무기와 비인간화된 문명이 사라지고 인간다움이 살아있는 자연을 이상적인 공간으로 상정하고 있는 것이다. 보들레르는 현대 문명으로 가득 찬 도시와 어울리지 못한 채 소외되는 '군중 속의 인간'을 '거리 산책자'로 묘사하고 있다. 현대 문명과 쉽게 교감하지 못하는 그에게서는 침착한 태도 대신에 조울병적인 태도가 나타난다. 대도시의 군중은 그 모습을 목격하는 자들로 하여금 불안, 역겨움, 전율 반응을 나타나게 한다. 또 군중 속의 행인이 겪는 충격의 체험은 기계 앞에서 노동자가 겪는 체험과 상응한다고 발터 벤야민은 지적하고 있다.[17]

나아가 산책자는 근대적인 도시 공간 및 장소의 스펙터클에 대한 비밀스런 탐색자이다. 그는 근대의 복잡한 기표들이 넘치는 도시의 구석구석을 단순하게 돌아다니거나 또 때에 따라서는 그것을 스스로 해석하기도 하는 그런 존재이다. 이런 점에서 산책자는 단순한 구경꾼으로 환원되지 않는다고 할 수 있다. 그는 근대 세계 및 자본주의 도시에 대한 성찰과 반성을 단행하는 탐색자인 것이다. 그의 이러한 일련의 존재성은 산책의 논의에서 시각적인 것의 의미를 한층 복잡하게 하는 원인이 되기도 한다. 산책자의 시선에 도시는 초현실주의의 환상과 꿈, 그리고 소외와 물신숭배의 '두 얼굴'을 드러내고야 만다. '산책자는 여전히 문턱 위에, 대도시뿐만 아니라 부르주아 계급의 문턱 위에 서 있다. 아직 어느 쪽도 완전히 그를 수중에 넣지는 못하고 있다. 그는 어느 쪽에도 안주하지 못한다. 그는 군중 속에서 피신처를 찾는다. … 군중이란 베일로서, 그것을 통해 보면 산책자에게 익숙한 도시는 환(등)상으로 비쳐진다. 군중 속에서 도시는 때로는 풍경이, 때로는 거실이 된다. 곧 이 두 가지는 백화점의 요소가 되며, 백화점은 정처 없이 어슬렁거리는 것조차 상품 판매에 이용한다. 백화점은 산책자가 마지막으로 다다르는 곳이다.'[18]

벤야민은 물신이 짓누르고 있는 현대의 풍경에서 벗어나 정신이 마음 놓고 활보할 수 있는 산책로를 갈망하다 갔다. 비록 시대는 다르지만 박봉우의 갈망 역시 벤야민과 같은 궤적을 그리고 있다. 살아있는 인간들과 일정한 거리를 두게 만드는 폐허의 도시를 멀리하면서 공동체 정신이 생생하게 숨쉬는 자연 속에서 인간 회복의 장을 찾았다고 볼 수 있다. 박봉우는 1950년대의 전후 냉전 현실을 고발하고 분단 극복의 의지를 담은 최초의 시인이지만, 위의 시에서 보듯이 '강', '산', '날개', '나비' 등의 자연친화적이고 감성적인 시어를 통하여 읽는이의 내면에 호소한다. 그런 점에서 참여시나 민중시와는 다른 각도에서 1950년대의 현실을 비판적으로 성찰하는 '민중적 서정시'의 길을 지난하게 개척한 시인으로 평가된다.

①열리지 않아요 창은 열리지 않아요
그러면 하얀 커텐을 걷우어 버리어요 '알제리아'의 폭동과 '가자'의 전투에서 그리고 우리의 휴전지대에서 우리는 우리들의 바다를 찾기 위해서 잿빛같이 시들어가도 야위어도. 끝내 전사자들이 죽어가면서 외쳤던 한 마디 성음을 유언을 잊지 않고 꽃병에 심어보지 않으시렵니까.
-「창은」 부분

②하늘을 가득 배경으로 한 한 주 능금나무. 저 많은 열매들의 의미는 전쟁에 이긴 눈물 같은 것, 서로 익어가는 사상 밑에서, 무성한 나무 그늘을 이루는 세계. 세계여… 나의 갈망인 완숙. 완숙이여
-「능금나무」 부분

③너를 향해 서면
무엇인가 온화로운 이야기를
보석같이 주고 싶다.

건강한 서정의 회복 55

거울 속에서 내 얼굴을 한참 보듯이
그렇게 말없이 주고 싶다.

사랑은 네가,
나를 영 비워놓고
떠나버리는 허전함에서

비롯하는 아쉬움이나
안타까움의 공간.

아지랑이와도 같이
보일 듯 보이지 않는
아침 안개 속의 귀로.

사랑도 살며시 창을 열 때…
일요일의 우리 공원은
낙일 같은 가난이 따른다.

-「사랑의 말」 부분

  앞에 든 두 작품들은 첫 시집 『휴전선』에서, 뒤의 시는 두 번째 시집 『겨울에도 피는 꽃나무』에서 가려 뽑아 보았다. 어느 시편들이나 서정적인 터치로 화자의 내면을 투영해 내고 있음을 알 수 있다. '창', '하늘', '능금나무', '꽃' 등 풍부한 이미지를 동반한 서정적 기법을 주로 하여 창작되고 있음을 알 수 있다. 각기 1957년과 1959년에 나온 시집들이지만 시기적으로 뒤로 갈수록 분단에 대한 심정적 반발보다 화자의 내면을 표백해 내는 방향으로 발상의 전환이 이루어지고 있음을 살펴볼 수 있다.

①의 시에서 화자는 알제리와 팔레스타인의 가자를 인유(引喩)함으로써 분단의 비극이 한반도만의 것이 아닌 지구촌적인 문제임을 암시하고 있다. 나아가 창을 열고 '우리는 우리들의 바다를 찾기 위해서 잿빛같이 시들어가도 야위어도. 끝내 전사자들이 죽어가면서 외쳤던 한 마디 성음을 유언을 잊지 않고 꽃병에 심어보지 않으시렵니까'라고 언술함으로써, 개인의 소시민적 행복에 안주하지 말고 넓은 세계로 눈을 돌려 한다는 것을 넌지시 귀띔해 주고 있다. '창', '꽃병' 등의 시어는 읽는이를 부드럽게 화자가 펼쳐놓은 세계 속으로 인도하는 한편, 각각 열린 세계와 온몸으로 냉전 체제를 무너뜨리고자 앞장서다 희생된 이들에 대한 추모와 동참의 정신을 상징하고 있다.

②의 시에서는 이런 시인의 내면이 한 꺼풀 더 은폐되어 있다. 화자는 '하늘을 가득 배경으로 한 한 주 능금나무'라는 이미저리를 전개함으로써 갈등과 불화로 가득 찬 세상을 넘어, 활짝 웃는 세계에 대한 갈망을 제시하고 있다. 이어서 '저 많은 열매들의 의미는 전쟁에 이긴 눈물 같은 것, 서로 익어가는 사상 밑에서, 무성한 나무 그늘을 이루는 세계'라고 언술함으로써 분쟁과 대립의 세계를 넘어 대동세상에서 삶의 결실을 두루 나누며 살아야 한다는 사유를 알레고리화해 놓고 있다. '능금나무'는 피땀 어린 노동의 결실을 상징하며, '열매'는 그 같은 생각을 현시한 제유(提喩)이다.

1950년대의 마지막 해에 출간된 시집에 수록된 ③의 시에 이르러서는, 선험적 인식에 배재된 채 화자의 관심사가 한층 더 내면화, 구체화되어 있다. 화자는 타자와 나누는 '온화로운 이야기'를 '보석'에 비유함으로써, 냉전 체제를 견디며 살아가는 민초들 하나하나가 소중하다는 인식의 일단을 드러낸다. 또한 '거울 속에서 내 얼굴을 한참 보듯이' 한다는 대목은 내가 곧 타인인 생존의 멍에를 지고 살아간다는 사유의 알레고리적 표현이다. '거울 속의 나'와 '현실의 나'가 다른 것은 곧 파경 의식으로 연결된다. 라캉의 표현에 따르면 상상계(the imagenary)가 파행으로 끝나면서, 또 다른 모색과 대결의 시기인 상징계(the symbolic)에 진입하였음을 의미한다. 라캉은 거울에 비친 자아의 모습 또는 어머니를 가리켜 '오인(誤認)된 자아' 또는 '타자(他者)'라고 부른다. 인간은 거울 속의 타자와 자신을 일치시키기 위해서 끊임없이 달려가지만, 언제나 실패로 끝나고 만다.[19] 현실 정치의 모색이라는 이데올로기를 버린 인간은 그렇게 초라한 것이다. '사랑은 네가,/ 나를 영 비워놓고/ 떠나버리는 허전함'이라는 대목은 그 같은 불일치와 허망의 투시이다.

그러나 화자는 위의 시에서 비탄의 늪에 자신을 던지기보다, 가장 낮은 데 자리잡은 이들과 공감하고 함께 헤쳐 나가고자 하는 의지를 형상화하고 있다. 이것은 시인이 냉전 체제가 낳은 분단의 현실에 대한 감정적 대처를 벗어나, 탄탄한 일상의 삶을 통하여 대응하여야 한다는 것으로 발상의 전환을 이루었다고 볼 수 있다. 나아가 화자는 일상에서 겪는 삶의 신산을 너끈히 극복해 가는 데 삶의 무게 중심을 이동시키고 있다. 그런 점에서 '보석'은 분단 체제가 내면화된 일상에서 치러야 하는 삶의 신산(辛酸)과 이를 극복하고 일궈내는 삶의 결실을 상징한다. 시인의 내면 의식이 서정적 언술을 통해 보다 자연스러운 가락으로 탈바꿈되어 있다.

  나에겐, 나의 주변에서는
  나를 애무해주는
  그늘이라곤 없는 칠월의 회색지가 있을 뿐.

  음악과 회화와
  그리고 육체의 썩어가는
  조각에서 느끼고 싶었던 모든
  의미들은
  안개 낀 머나먼 항만에
  보내드리고 싶다.

  슬픈 종일을 느끼게 하는 나를,
  이 육체를
  녹슨 철조망의 사슬에
  나비처럼 두고 싶은
  불모의 영토가 있을 뿐.

  시와
  나의 순수 우정과
  모든 언어들의 주변에서 떠나
  이역의 바다빛 나의 기를
  슬픈 대로 슬픈 대로 펄럭이고 싶은

불타는 야망이 있을 뿐

'아아'
나는 왜 이렇게 소리 질러야 하나
피가 나오도록 넘쳐 밀려나오도록
소리 질러야 하나.

세계의 가족
광장의 가족. 참으로 무의미로운
사랑할 줄 모르는
가족과 나에게…

애무의 그늘이라곤 없는
칠월의 회색지와
갈망의 '눈'이 있을 뿐.

― 「회색지(灰色地)」 전문

감정의 발로를 자제하고, 소소한 생활 속의 서정으로 발전되어 가는 모습이 잘 들여다보이는 작품이다. 제목인 「회색지(灰色地)」에서부터 전후 분단하의 반식민지 같은 현실을 견뎌야 하는 민초들의 비애가 감지된다. '회색'이라는 언어의 뉘앙스에서 풍기듯 뭔가 전망이 불투명하고 뿌리를 내릴 데 없이 부유하는 당시 민초들의 마음이 감지된다. 화자는 '육체의 썩어가는/ 조각에서 느끼고 싶었던 모든/ 의미들은/ 안개 낀 머나먼 항만에/ 보내드리고 싶다.'는 대목에서 보이듯 당시 민초들은 썩어가는 육체로 환유되듯 활기를 잃고 있었다. 사람들은 활짝 트인 바다가 아닌 목적지가 안개 속에 잠긴 항구에서 갈 곳을 몰라 방황해야 했다. 이것은 약소국이자 운명의 결정권을 상실한 반식민 상태에 놓여 있다는 인식의 반영이다. '광장의 가족. 참으로 무의미로운/ 사랑할 줄 모르는/ 가족'이라는 대목은 한 울타리를 갖지 못한 채 광장에 흩어져 사랑을 상실한 채 사라하는 시대의 군상을 가리킨다. 화자는 결구에서 '애무의 그늘이라곤 없는/ 칠월의 회색지와/ 갈망의 '눈'이 있을 뿐'이라고 언술함으로써 전망이 상실된 회색지로부터 벗어나고픈 갈망으로 가득 찬 시대의 표정을 카메라 앵글에 담듯 잘 포착하고 있다.

이렇듯 1950년대에 창작된 박봉우의 시들은 주제의 무게에 견줄 만한 비중을 지닌 서정적 정서가 구사되어 있다. 명징한 이미저리를 바탕으로 한 서정은 읽는이들을 자연스럽게 끌어들이는 역할을 하는 한편, 분단 상황의 고발과 극복이라는 무거운 주제를 거부감 없이 구현해 내는 힘을 지녔음을 알 수 있다. 임동확은 1950년대 박봉우의 시에 대하여 이렇게 지적한 바 있다.

'박봉우는 전쟁으로 인한 남북 분단의 현장을 '황무지(荒蕪地)' 또는 '황지(荒地)'로 규정하면서 허무와 폐허 자체에 침윤하기보다는 총체적인 세계 상실감 속에서 인간의 한계 상황을 돌파하기 위한 저항과 행동에 더 관심을 표명한다. 인간의 모든 조건이 파괴되고 망가진 상황 속에서 실존의식이나 지성의 회복을 전혀 도외시한 것은 아니지만, 그의 관심사는 어디까지나 한국인의 삶의 조건과 비극을 결정짓는 분단 현실과의 생생한 대면을 통한 극복의지를 강하게 내비치고 있다.'[20]

이 같은 평가들을 종합하면, 생경한 목소리와 반항을 넘어 서정적 기법의 강구를 통해 독자들을 폭넓게 끌어들이면서도, 남북 분단 상황을 지적하고 통일의 열망까지 전후의 엄혹한 현실에서 설득력 있게 담아냈다는 데 박봉우 시의 의의가 자리한다.

　첫 시집 『휴전선』과 두 번째 시집 『겨울에도 피는 꽃나무』에 수록된 시들에 대한 분석을 통하여, 박봉우의 시들이 1950년대 전후 분단 현실을 어떻게 수용하고 있는가를 검토하였다. 나아가 그의 서정시가 당시 문협을 중심으로 한 현실 타협파와 어떤 차이점을 갖고 있는가에 대하여 검토하였다. 그 결과, 박봉우의 서정은 이른바 순수시의 서정성과는 일정한 획을 긋고 있음을 확인하게 된다. 감정 과잉이거나 복고적인 것이 아닌 현실과의 긴장 관계를 팽팽하게 유지하고 있다. 그는 보기 드물게 민족적인 가락을 지닌 서정시인이다. 워즈워드의 서정시가 산업화 시대의 산물이었듯이 단순히 개인적인 감정의 토로를 넘어 분단국가의 국민으로서 숙명적으로 지니고 살아가야 하는 한과 저항의 정서에서 비롯된 장르가 곧 '민중적 서정시'라는 것을 실천적인 시로써 보여주고 있다.

3. 관념의 육화(肉化)와 주제의 심화

　박봉우는 흔히 「휴전선」과 「나비와 철조망」 등 다소 목청을 높여 분단 현실을 노래한 시인으로 알려져 있다. 하지만 그의 전성기의 시들을 꼼꼼히 분석해 보면, 대부분의 절창(絶唱)들이 단단한 이미지에 바탕해 있음을 알 수 있다. 오히려 목소리 높은 시적 사변보다는 명징한 이미저리만을 부각한 시편들이 적지 않다. 이것은 시인이 관념을 직접 진술하지 않고 이미지를 통해 전달하는 것인데, 달리 말하면 관념의 육화라고도 말할 수 있다. 관념의 사물화는 주로 인간이 지닌 공감각화의 기능을 이용하는데, 청각적 언어를 사용할 때 독자가 시각적 이미지로 받아들이게 하는 방법 등을 일컫는다. 이것은 '시는 무슨 목적에 쓰이기 위한 수단적 지위에 있지 않고 다른 아무런 목적도 없이 스스로 존재하는 실체'[21]라는 철학에 기초하여 있음은 물론이다.

　김용직은 우리 시에 나타난 모더니즘을 크게 온건형 모더니즘과 과격형 모더니즘으로 나눈다. 온건형 모더니즘은 영미 모더니즘으로 T. E. 흄의 세계관에 바탕을 둔 이미지즘에서 발단하고, 과격형 모더니즘은 대륙 쪽에서 형성된 표현파, 미래파, 다다, 초현실주의 등을 일컫는다.[22] 과격형 모더니즘은 아방가르드의 미학을 지니면서 때로 데카당스한 면을 띠게 된다. 따라서 언어에 대한 엄격성을 지니면서, 다의성의 이미지를 가열하게 추구했던 박봉우의 시들은 이것과는 거리가 있다. 하지만 전통 서정시와는 사뭇 다른 미적 자의식을 견지하면서, 언어의 자율성과 현실의 비재현주의를 실제 시 작품을 통해 심도 있게 추구해온 박봉우의 전성기 시들은 모더니즘의 세례를 일정하게 받았다고 보여진다. 그는 방법적으로 모더니즘을 지향하면서도, 시정신의 삼투를 통한 5,60년대 냉전 체제하의 비뚤어진 현실을 묵시하는 메시지를 견지하였다는 점에 그의 독특한 시사적 위치가 있다고 본다.

박봉우의 시가 출발하여 그 나름의 세계를 구축한 1950년대는 사회, 문화적으로 비극의 시대였다고 할 수 있다. 항상 승자와 패자를 가리지 않고 정신적 물질적으로 큰 피해를 안기는 전쟁, 한 술 더 떠서 동족끼리 총부리를 겨눈 세계 역사상 유례없이 참혹했던 한국 전쟁이 휩쓴 뒤라 사람들의 몸과 마음이 황폐해질 대로 황폐해진 상태였기 때문이다. 당시 전쟁의 파문은 엄청난 것이었다. 언론의 자유와 자유민주주의 이데올로기에 대한 탄압은 현실인식이 배제된 열악한 문화 환경을 조성하였다. 전후의 이러한 불안정한 현실 속에서 모더니즘 시인들은 참혹한 전쟁 경험을 겪으면서 부정적 현상에 대한 감상과 불안, 패배감을 주로 그들의 시에 표현했다. 박봉우의 시들은 이 같은 1950년대의 모더니즘적 특징을 공유하고 있다 하겠다. 하지만 과격한 모더니즘에 기울지 않은 채 풍부하고 명징한 이미저리, 지나친 감정이 배제된 정숙한 서정, 언어의 절약 등 온건한 모더니즘의 미덕을 구현한 것이 그의 시세계를 풍부하고 해주었을 뿐더러, 시적 완성도를 높이는 데 일조했음은 분명하다.

눈이 소리없이 쌓이는
긴 밤에는
너와 나와의 실내에
화롯불이 익어가는 계절.

끝없는 여백 같은 광야에
눈보라와
비정의 바람이 치는 밤
창백한 병실의 미학자는
금속선을 울리고 간 내재율의 음악을
사랑한다.

눈이 내린다.
잠자는 고아원의 빈 뜰에도
녹슬은 철조망가에도, 눈이 쌓이는 밤에는
살벌한 가슴에 바다 같은 가슴에도
꽃이 핀다.
화롯불이 익어가는
따수운 꽃이 피는 계절.

모두 잊어버렸던 지난 날의 사랑과 회상
고독이거나 눈물과 미소가
꽃을 피우는 나무.

사랑의 원색은
이런 추운 날에도

꽃의 이름으로 서 있는
외로운 입상.

　　　　　　　　　　-「겨울에도 피는 꽃나무」 부분

　　위에 든 시는 박봉우 시의 좋은 체질을 잘 보여주고 있다. '겨울에도 꽃이 핀다'는 아이러니를 통해 화자는 냉전과 독재 체제를 넘어 밝은 세상이 오리라는 전망을 펼쳐 보이고 있다. 이 시는 서정적 기법과 그를 뒷받침하는 풍부하고도 명징한 이미저리가 균형을 갖추고 있다. 이렇듯 박봉우는 민중시인으로서뿐만 아니라 기법과 정서에 있어 독특한 영역을 확보한 시인이다. 관념의 육화를 통하여 모더니티의 구현을 통한 실험기법을 동원해 보거나, 인간의 실존적 차원에 관심을 기울여 존재 탐구의 시를 써보거나, 전통적인 서정시의 영역 속에서 내면성을 드러내는 작업을 하였다. 이로써 우리 시문학사에 분명한 자리매김을 요구하고 있다. 그 같은 인식은 첫 연에서 제시된 '긴 밤에는/ 너와 나와의 실내에/ 화롯불이 익어가는 계절'라는 대목에서도 잘 감지된다. '화롯불'이라는 원형상징적 이미지를 사용하여, 밤이 아무리 길다 하여도 화롯불 앞에 모인 민초들의 힘을 모으며 얼마든지 극복해 내고 깨끗한 새벽을 열 수 있다는 전망을 펼쳐 보인다. 원형(archetype)은 역사나 문학, 종교, 풍습 등에서 수없이 되풀이된 이미지나 화소(motif)나 테마다. 원형상징을 이루는 이미지는 많은 작품에 되풀이되어 나타나며, 모든 인간에게 유사한 의미나 반응을 환기시키는 심상이다. 그러므로 이것은 어떤 한 작품의 개별적인 의미나 정서를 초월한다.[23] 그런 점에서 이 시에서 구사된 원형상징은 공동체 의식을 환기시키고, 나아가 따스한 공감대를 낳는 원천이 된다.

'잠자는 고아원의 빈 뜰에도/ 녹슬은 철조망가에도, 눈이 쌓이는 밤'이라는 언술을 통하여 화자의 눈높이가 한층 일상으로 정착되어 있는 것을 들여다볼 수 있다. 이것은 시인이 냉전 체제가 낳은 분단의 현실에 대한 감정적 대처를 벗어나, 탄탄한 일상의 삶을 통하여 대응하여야 한다는 것으로 발상의 전환을 이루었다고 볼 수 있다. 나아가 화자는 '모두 잊어버렸던 지난 날의 사랑과 회상/ 고독이거나 눈물과 미소가/ 꽃을 피우는 나무'라고 언술함으로써 일상에서 겪는 삶의 신산을 너끈히 극복해 가는 데 삶의 무게 중심을 이동시키고 있다. '겨울'과 '꽃'은 이항대립어로, 각기 분단 체제가 내면화된 일상에서 치러야 하는 삶의 신산(辛酸)과 이를 극복하고 일궈내는 삶의 결실을 상징한다.

'눈보라', '금속성', '철조망', '고아원' 등의 시어들이 민중의 선택권이 박탈된 가혹한 현실을 상징한다면, '광야', '내재율의 음악', '바다 같은 가슴', '따수운 꽃' 등의 시어들은 이타정신에 기반한 연대와 미래에의 밝은 전망을 상징하는 이미저리들이다. 이것들이 현실에 밀착한 서정적 기법과 한몸이 됨으로써 시는 한층 깊이를 더하고 나아가 벗길수록 새로운 맛이 돋아나는 석류와 같은 효과를 거두고 있다. 그런 점에서 박봉우는 '후반기' 동인들을 비롯한 도시적 감수성과 퇴폐에 침윤된 일군의 시인들과는 분명한 선을 긋는다.

이남호는 '박봉우는 엄혹한 냉전 상황 하에서「휴전선」등의 작품으로 전후 최초로 구체적 분단 현실을 시적 대상으로 삼았을 뿐더러 이를 극복하고자 하는 의지를 형상화하였다. 그는 또 '과거에 대한 강한 부정의식은 모더니즘의 근본 조건이며, 전후세대 시인들이 전 세대와의 단절을 강조하고 화전민(火田民) 의식을 지녔'[24]다고 지적한 바 있다. 이는 이른바 순수시들이 냉전 체제에 보인 순응주의를 청산하고, 참여시의 정신을 선택하게 된 연유이기도 할 것이다. 이남호는 또 1950년대 전후 시인들의 시세계를 일별하면서, '구체적인 삶이 없다. 절망적 폐허의 삶에 굴복한 자의 문학적 포즈로서의 퇴폐와 감상이 있을 뿐이다. 이것은 인식의 추상성과 관념성을 낳는다. 전전세대 시인들에 비해서 전후세대 시인들의 시에서 현저한 추상성과 관념성을 목도한다'[25]고 지적한 바 있다. 그런 점에서 박봉우는 '후반기' 동인들을 비롯한 도시적 감수성과 퇴폐에 침윤된 일군의 시인들과는 분명한 선을 긋는다. 그는 엄혹한 냉전 상황 하에서「휴전선」등의 작품으로 전후 최초로 구체적 분단 현실을 시적 대상으로 삼았을 뿐더러 이를 극복하고자 하는 의지를 형상화하였다.

1962년 박봉우가 '현대문학 신인상'을 수상할 무렵을 전후하여 창작된 위의 시를 보면서, 시인이 정신병에 시달리지 않고 안정된 삶을 꾸려갈 수 있었더라면 더욱 기품 있는 시들을 다수 남길 수도 있을 텐데 하는 아쉬움이 남는다. 그는 수상한 지 얼마 안 되어 전남일보 서울 특파원으로 근무하던 중 취재차 목포에 내려갔다가 지역 불량배들에게 뭇매를 맞은 것이 잘못되어, 이후 1990년 57세로 작고하기까지 정신병원을 들락거리는 운명의 아이러니를 맞게 된다. 그에게 그 같은 불행이 닥치지 않았더라면 더욱 균형 잡히고 건강한 시를 내놓아 민중시 진영은 물론 한국시문학 전반에 걸쳐서도 더욱 걸출한 유산을 더할 수 있었으리라는 아쉬움이 남는다.

4. 박봉우의 민중적 서정시의 전개

4.1. 분단의 상처를 온몸으로 안다

분단의 직접적인 상처는 한국전쟁으로 나타났지만 그 영향은 비단 정치 사회적인 데만 국한되지 않았다. 우리 문단도 해방 공간과 한국전쟁의 격랑을 거치면서 대대적인 변화를 겪지 않으면 안 되었다. 6·25 한국전쟁은 우리 민족의 삶을 황폐화시켰다. 비극적 체험과 상흔은 민초들에게 생존의 어려움과 회의를 안겨 주었으며, 패배의식과 허무주의를 심화하는 결정적 계기가 되었다. 이러한 시대 배경은 한국 전후 시에도 고스란히 반영되었다.

우선 카프문학의 전통에 뿌리를 둔 이른바 좌익 계열의 시인들이 분단 이데올로기의 한파를 맞아 문학사는 물론 현실 문단에서 사라졌다. 그에 따라 전후의 불모지 같은 풍토에서 '후반기 동인'을 중심으로 모더니즘을 표방하였지만 그 근저에는 낭만주의와 도시의 퇴폐적 정서가 자리잡은 일군의 시인들이 등장하였다. 한편으로 사회적 주제를 표방한 시들이 급격히 퇴조한 가운데, 순수 서정시를 창작해온 시인들이 크게 부상하였다.

김윤식은 한국전쟁 이후 문단의 주도권을 쥔 구세대들을 문협 정통파로 지목하면서, 이들의 세계관이 '삶의 구경적 형식' 곧 운명론으로 귀착된다고 말한다. 문협 정통파들의 운명관은 샤머니즘의 수준이며 시민사회의 삶의 감각이 깡그리 제거되어 있으며, 삶의 총체성을 문제 삼는 리얼리즘과 썩 먼 거리에 놓여 있다고 진단한다.[26]

이에 반하여 전후세대들은 기존의 문학과 전통에 대해 부정과 단절을 보여 주고 있으며, 전후세대 시인들의 작품에서 그것은 일차적으로 폐허 의식으로 드러난다고 보는 시각도 있는데, 그것을 가리켜 이어령은 '화전민(火田民) 의식'이라고 명명한 바 있다. 그는 '우리들의 어린 곡물의 싹을 위하여 잡초와 불순물을 제거하는 그러한 불의 작업으로써 출발하는 화전민이다. 새 세대 문학인이 항거해야 할 정신이 바로 여기에 있다'[27]고 진단한다.

그런데 박봉우의 시들은 위의 어떤 조류에도 휩쓸리지 않고 독자성을 확보한 데 그 특징이 있다. 서정적인 데가 있는가 하면, 시어의 구사 면에서는 모더니즘적인 데가 있고, 여기에 그치지 않고 한국전 종전 직후의 반공 이데올로기 일변도의 삼엄한 상황 속에서 민족 분단의 현실을 직시하는 선지자적인 정신이 담겨 있다. 정한용은 초기 등단 작품부터 박봉우의 시가 분단에 관해 쓰면서도 분단의 구호에 파묻히지 않고, 4·19에 대해 쓰면서도 결코 감격이나 충동에 휩쓸리지 않는 시적 진정성을 보여주며 이는 당시의 다른 시들과 구별되는 점이라 지적하고 있는데,[28] 박봉우의 시적 특질을 잘 지적한 말이라고 본다. 4월혁명 후에는「진달래도 피면 무엇 하리」라는 시처럼 타락한 현실에 대한 허무감과 비판의식을 드러내는 데 관심을 두었다. 이러한 현실인식은 시「나비와 철조망」,「젊은 화산(火山)」등을 통해서 분단의 현실을 노래하기도 하며,「서울 하야식(下野式)」에서는 독재정권에 대한 분노와 저항을 드러내기도 한다.

그때까지 '꽃'의 시적 소재는 사랑과 이별의 정한인 서정적 사유에 국한되거나 존재론적 의미 부여가 대부분이었다. 시「휴전선」에 담긴 '꽃'의 문맥적 의미를 유심히 들여다보면 존재론적 의미를 딛고선, 민족 개개인의 상징이 '꽃'으로 암시되어 있음을 알 수 있다. 박봉우의 시 역시 전후의 불안 의식에서 놓여난 것은 아니다. 하지만 그는 개인의 밀실로 들어가는 실존 의식에 침윤되기보다 타의에 의해 크게 훼손된 민족 공동체를 부단히 재구성해 나가고자 하는 의지를 형상화한 데 그만의 시적 위치가 있다. 1950년대 전후의 풍토에서 한국 현대시에 리얼리즘이 정착된 것은 아니지만, 그런 점에서 박봉의 일련의 작품들은 선구적으로 민족·민중시의 단초를 열어갔다고 볼 수 있다.

시「휴전선」에서 시인은 시어 '꽃'을 통해 남북의 긴박한 대치와 불신의 골을 '천둥같은 화산(火山)이 일어날 것을 알면서 요런 자세(姿勢)로 꽃이 되어야 쓰는가'로 비유했다. 비유가 자신이 표현하려는 사물의 현상, 상태, 마음의 움직임을 다른 사물에 빗대 구체적인 연상을 불러일으키게 하는 표현 기법이라면, 암시는 직접적이지 않고 함축성 있게 어떤 의미를 넌지시 깨우쳐 준다. 심리학에선 이치나 명령에 의하지 않고 직접으로 행동을 유발하는 일을 말하며, 시에선 남의 생각하고 활동하는 능력을 빼앗고, 어떤 행동을 일으키도록 하는 자극, 즉 최면술 같은 효과가 있다. 마치 우리가 시어 '꽃'이 내포하는 비유적 상징의 의미를 곱씹게 되는 것처럼, 암시 또한 시의 가독성을 높이고 강한 흡인력으로 독자들을 끌어들여 시 화자가 의도하는 대로 옮겨가게 된다.

전후 시인들의 시세계에서 원체험으로 자리잡고 있는 것은 비극적 민족 상잔의 상처에서 비롯된 죽음 의식과 존재의 불안 의식이다. 불안 의식 그 자체에 침윤되기보다, 전후(戰後)의 황폐한 현실로부터 느끼는 허무 의식과 불안의 시간을 극복, 초월하고 싶어하는 욕망을 긴장감 있는 언어로 표현하고 있다. 이승훈은 후반기 동인들의 시작업을 가리켜 6·25를 계기로 폐허가 된 도시를 최초로 본격적으로 노래했다는 점, 그리고 이 도시는 흘러가는 삶, 즉 현대인의 불안을 표상한다는 점에서 한국 현대시사에서 단연 새로운 국면을 부각된다고 지적한 바 있다.[29] 후반기 동인들을 비롯한 일군의 전후 시인들은 도시의 내면에 도사린 비인간성을 시적 감수성으로 줄곧 비판하고 있는 데 그 특색이 있다고 본다.

박봉우의 시 역시 이 같은 전후의 불안 의식에서 놓여난 것은 아니다. 하지만 그는 개인의 밀실로 들어가는 실존 의식에 침윤되기보다 민족 공동체를 부단히 발견해 나가고 있다는 데 그만의 시적 위치가 있다. 문혜원의 지적처럼 '박봉우는 개인의 실존의 문제를 민족 전체로 확산시킨다는 면에서, 타자에 대한 지향이 좀더 넓게 확산된 경우라고 할 수 있다. 그가 파악한 자신의 실존의 상황은 '언제까지나 이러한 나라의 벌판이나 험한 산악이거나 바다에서 이야기를 시작한 카키 전투복을 입은 어리고 가녈픈 병정'(「사미인곡」)의 모습이다. 자신의 의지와는 무관하게 분단된 조국에서 어쩔 수 없이 민족에게 총을 겨누어야 하는 운명, 이것이 박봉우가 파악한 피투적인 상황이다.'30) 1950년대 전후의 풍토에서 한국 현대시에 리얼리즘이 정착된 것은 아니지만, 그런 점에서 박봉의 일련의 작품들은 선구적으로 민족·민중시의 단초를 열어갔다고 볼 수 있다.

> 헐어진 도시에 아직은 창, 창은 있는가 병들고 시들은 봄이나 가을이란 그런 계절이 우리는 없어도 고목 속에 이젠 피어야 할 너를, 너를 울리고 창을 향해야 하지 않겠는가.
> —「나비와 철조망」 부분

> 전쟁에 울고 이그러진 가슴에…
> 붕대를 감아주려고 온 다사로운 너의 숨결
> 그것은, 겨울을 풀어헤치는 긴 강.
> 목을 베어버릴 만한 손도 마즈막 빼앗긴
> 영토에게. 심연한 포옹과 사랑을 끝없이
> 노래부르려는,
> —「수난민」 부분

> 오늘쯤은
> 수많은 새들의 자유의 갈망을, 마음껏
> 기도해주고 싶은데
> 지폐가 없어 차라리 울고 싶은 가슴.
>
> -「오월의 미소」 부분

　위의 시들에서 보듯이 박봉우에게 전후의 시공간은 전쟁이 남긴 상처를 떠안고 있는 민중에 대한 애정으로 나타난다. '병들고 시들은 봄이나 가을이란 그런 계절이 우리는 없어도 고목 속에 이젠 피어야 할 너를, 너를 울리고 창을 향해야 하지 않겠는가' 하는 설의형의 구절에서 보이듯 전쟁의 상처가 만연된 산하를 직시하고 있다. 아울러 그 가운데 신음하는 민초들을 역사의 희생양으로 파악하면서, 배운 자, 살아 있는 정신의 소유자들의 책무를 환기시키고 있다. 또한 두 번째 시에서 '붕대를 감아주려고 온 다사로운 너의 숨결/ 그것은, 겨울을 풀어헤치는 긴 강'이라고 노래하는 데서 보듯, 전쟁의 상처에도 불구하고 그 자리에 있는 산하에 희망의 싹을 읽는다. 세 번째 시에서 '수많은 새들의 자유의 갈망을, 마음껏/ 기도해주고 싶은' 마음을 내비치고 있는 데서 보듯 좌절을 딛고 민초들과 함께 새로운 세상을 열고 싶은 열망을 형상화하고 있다. '창', '새', '강' 등 서정적이면서 밝은 이미지를 동반한 상징시어를 구사하면서, 박봉우는 구호를 넘어 전후의 안타까운 현실을 시적으로 수용하는 데 부심한 족적을 선명하게 남기고 있다.

　1950년대에 창작된 박봉우의 시들은 주제의 무게에 견줄 만한 비중을 지닌 서정적 정서가 구사되어 있다. 명징한 이미저리를 바탕으로 한 서정은 읽는이들을 자연스럽게 끌어들이는 역할을 하는 한편, 분단 상황의 고발과 극복이라는 무거운 주제를 거부감 없이 구현해내는 힘을 지녔음을 알 수 있다. 그러나 박봉우의 서정은 이른바 순수시의 서정성과는 일정한 획을 긋는다. 감정 과잉이거나 복고적인 것이 아닌 현실과의 긴장 관계를 팽팽하게 유지하고 있다는 점에서 1950년대 서정시의 한 영역을 개척하고 있다고 해도 좋을 것이다.

4.2. 주제와 기법을 한자리에 놓다

박봉우는 흔히 「휴전선」과 「나비와 철조망」 등 다소 목청을 높여 분단 현실을 노래한 시인으로 알려져 있다. 하지만 그의 전성기의 시들을 꼼꼼히 분석해 보면, 성공작들이 대부분 단단한 이미지[31]에 바탕한 시편들임을 알 수 있다. 오히려 목소리보다는 시적 사변보다는 명징한 이미저리만을 부각시킨 시편들이 적지 않다. 이것은 시인이 관념을 직접 진술하지 않고 이미지를 통해 전달하는 것인데, 달리 말하면 관념의 육화라고도 말할 수 있다. 관념의 사물화는 주로 인간이 지닌 공감각화의 기능을 이용하는데, 청각적 언어를 사용할 때 독자가 시각적 이미지로 받아들이게 하는 방법 등을 일컫는다. 이것은 '시는 무슨 목적에 쓰이기 위한 수단적 지위에 있지 않고 다른 아무런 목적도 없이 스스로 존재하는 실체'[32]라는 현대시의 방법

론에 바탕해 있다.

①가로의 조롱(鳥籠)과 창에는 봄이 온다
사랑을 잊어버릴 무렵쯤… 신록도 눈을 뜨면
빙하와 같이 언 가슴에
옛날의 애인의 숨결과 목소리가 들리고

다시 화사한 빛으로 부활해오는
음악실 풍경.
상처 입은 나목에게도
잔인한 사랑을 병들게 하면서 걸어오는
수평선 너머의 신화.

오늘쯤은
수많은 새들의 자유의 갈망을, 마음껏
기도해주고 싶은데
지폐가 없어 차라리 울고 싶은 가슴.

-「오월의 미소」 부분

②내 영혼이 시달리는
시가지에도
내 고독이 회색되어 가는
자유항에도 눈물 같은
봄은 내린다.

산과 공원과 포도 위의 가로수는
청색을 머금는데…

내 나무는 귀로에 서서
더욱 심야를 부른다.

-「악의 봄」부분

③사월의 피 흘린
여러 흙을 밟아보면
더러는 의미를 아는
심연의 나무가 서서
잠시 무지개빛의 중량을
생각해보는 시각도 되는데…
공간은 말없이
황홀하지도 못한 카나리아의
징역 시간을 위해
바람이 되어,
천동이 되어,
아아 소나기가 되어,
온 육체에 깊이 멀든 것이
"토할 듯, 토할 듯, 토할 듯"
몸부림치는 울타리 안의
밀려가는 한숨들이
비가, 소나기가 되어

-「소묘 1」부분

시인의 목소리 아닌 이미저리가 부각된 몇 편의 시들을 들어 보았다. ①의 시에서는 다분히 감상적이기 쉬운 '오월'이라는 제재를 '가로의 조롱(鳥籠)과 창에는 봄이 온다'로 표현하고 있다. 활기 찬 기운이나 푸근한 봄 날씨를 '조롱(鳥籠)'과 '창'이라는 그림이 담긴 알레고리로 눈에 잡힐 듯 묘사해내고 있다. '옛날의 애인의 숨결과 목소리가 들리고/ 다시 화사한 빛으로 부활해오는/ 음악실 풍경'이라는 대목은 청각과 시각 이미저리가 오버랩되어 읽는이들로 하여금 상큼한 느낌을 자아내게 한다. '수많은 새들의 자유의 갈망을, 마음껏/ 기도해주고 싶은' 마음을 내비치고 있는 데서 보듯 좌절을 딛고 민초들과 함께 새로운 세상을 열고 싶은 열망을 형상화하고 있다. '창', '새', '강' 등 서정적이면서 밝은 이미지를 동반한 상징 시어를 구사하면서, 박봉우는 구호를 넘어 전후의 안타까운 현실을 시적으로 수용하는 데 부심한 족적을 선명하게 남기고 있다.

②의 시는 화자의 비관적인 세계관을 바탕에 깔고 있지만, 표면적으로는 그 같은 분위기가 감지되지 않는다. 그와는 반대로 '내 영혼이 시달리는/ 시가지에도/ 내 고독이 회색되어 가는/ 자유항에도 눈물 같은/ 봄은 내린다'라는 대목을 통하여 우수 어린 풍경이 읽는이의 내면에 선명하게 펼쳐진다. '영혼이 시달린다'느니 '고독' 등의 시어는 4월에 대한 시인의 비관적인 생각을 암시한다. 하지만 '자유항'이라는 시어를 통하여 비관보다는 아름답게 펼쳐질 봄에 대한 기대를 움트게 한다. 이 시의 주제 역시 냉전 체제와 독점적 권력의 발굽 아래 짓밟힌 봄이 따스하고 인간답게 바뀌기를 바라는 마음이라고 볼 때, 명징한 이미지를 담지한 시어를 통하여 폭넓은 환기력을 갖는다는 점을 일깨워 준다.

③의 시에 이르면 이 같은 화자가 품은 관념이 더욱 구체성을 띠

어가는 걸 볼 수 있다. '사월의 피 흘린/ 여러 흙을 밟'는다는 표현에서 미완의 혁명으로 끝난 사월혁명에 대한 화자의 아쉬움을 엿볼 수 있다. 그러나 시인은 자극적인 언어를 통하여 비관적 정서로 몰아가지 않는다. 오히려 이른 봄에 만날 수 있는 정경들을 점묘(點描)의 기법으로 그려냄으로써, 봄다운 봄이 도래하지 못하고 있는 현실을 우회적으로 비판할 뿐 아니라, 새로운 전망으로까지 확장시키고 있다. '무지개빛의 중량'과 '황홀하지도 못한 카나리아'는 각기 4월에 대한 기대와 그것이 물거품이 된 현실을 명징한 이미저리로 상징한다. 그러나 화자는 비관에 깊이 침윤되지 않는다. 오히려 '징역 시간을 위해/ 바람이 되어,/ 천동이 되어, 아아 소나기가 되어'라고 표현함으로써 냉전 체제와 그 주구들에 의하여 조성된 억압 상황이 민중에 의하여 희망의 싹으로 바뀔 것이라는 전망을 제시하고 있다. '천둥', '비', '소나기' 등의 이미저리는 그 같은 의지와 전망을 상징한다. 단단한 이미저리를 기반으로 하여 쓰인 시들은 그만큼 조형성 면에서 빼어날 뿐더러 시적 완성도도 높아지게 된다. 박봉우는 「소묘」 연작을 26편이나 발표하고 있는데, 그만큼 전성기에는 감정을 직접적으로 드러낸 시편들보다는 풍성한 이미저리를 기반으로 한 시들이 다수 창작되었음을 입증해 준다.

　박봉우의 시가 출발하여 그 나름의 세계를 구축한 1950년대는 사회, 문화적으로 비극의 시대였다고 할 수 있다. 항상 승자와 패자를 가리지 않고 정신적 물질적으로 큰 피해를 안기는 전쟁, 한 술 더 떠서 동족끼리 총부리를 겨눈 세계 역사상 유례없이 참혹했던 한국 전쟁이 휩쓴 뒤라 사람들의 몸과 마음이 황폐해질 대로 황폐해진 상태였기 때문이다. 당시 전쟁의 파문은 엄청난 것이었다. 언론의 자유와 자유민주주의 이데올로기에 대한 탄압은 현실인식이 배제된 열악한 문화 환경을 조성하였다. 전후의 이러한 불안정한 현실 속에서 모더니즘 시인들은 참혹한 전쟁 경험을 겪으면서 부정적 현상에 대한 감상과 불안, 패배감을 주로 그들의 시에 표현했다. 박봉우의 시들은 이 같은 50년대의 모더니즘적 특징을 공유하고 있다 하겠다. 하지만 과격한 모더니즘에 기울지 않은 채 풍부하고 명징한 이미저리, 지나친 감정이 배제된 정숙한 서정, 언어의 절약 등 온건한 모더니즘의 미덕을 구현한 것이 그의 시세계를 풍부하고 해주었을 뿐더러, 시적 완성도를 높이는 데 일조했음은 분명하다.

눈이 소리없이 쌓이는
긴 밤에는
너와 나와의 실내에
화롯불이 익어가는 계절.

끝없는 여백 같은 광야에
눈보라와
비정의 바람이 치는 밤
창백한 병실의 미학자는
금속선을 울리고 간 내재율의 음악을
사랑한다.

눈이 내린다.

> 잠자는 고아원의 빈 뜰에도
> 녹슬은 철조망가에도, 눈이 쌓이는 밤에는
> 살벌한 가슴에 바다 같은 가슴에도
> 꽃이 핀다.
> 화롯불이 익어가는
> 따수운 꽃이 피는 계절.
>
> 모두 잊어버렸던 지난 날의 사랑과 회상
> 고독이거나 눈물과 미소가
> 꽃을 피우는 나무.
>
> 사랑의 원색은
> 이런 추운 날에도
> 꽃의 이름으로 서 있는
> 외로운 입상.
>
> ―「겨울에도 피는 꽃나무」 부분

　위에 든 시는 박봉우 시의 좋은 체질을 잘 보여주고 있다. '겨울에도 꽃이 핀다'는 아이러니를 통해 화자는 냉전과 독재 체제를 넘어 밝은 세상이 오리라는 전망을 펼쳐 보이고 있다. 이 시는 서정적 기법과 그를 뒷받침하는 풍부하고도 명징한 이미저리가 균형을 갖추고 있다. 이렇듯 박봉우는 민중시인으로서뿐만 아니라 기법과 정서에 있어 독특한 영역을 확보한 시인이다. 관념의 육화를 통하여 모더니티의 구현을 통한 실험기법을 동원해 보거나, 인간의 실존적 차원에 관심을 기울여 존재 탐구의 시를 써보거나, 전통적인 서정시의 영역 속에서 내면성을 드러내는 작업을 하였다. 이로써 우리 시 문학사에 분명한 자리매김을 요구하고 있다. 그 같은 인식은 첫 연에서 제시된 '긴 밤에는/ 너와 나와의 실내에/ 화롯불이 익어가는 계절'라는 대목에서도 잘 감지된다. '화롯불'이라는 원형상징적 이미지를 사용하여, 밤이 아무리 길다 하여도 화롯불 앞에 모인 민초들의 힘을 모으며 얼마든지 극복해 내고 깨끗한 새벽을 열 수 있다는 전망을 펼쳐 보인다.

'잠자는 고아원의 빈 뜰에도/ 녹슬은 철조망가에도, 눈이 쌓이는 밤'이라는 언술을 통하여 화자의 눈높이가 한층 일상으로 정착되어 있는 것을 들여다볼 수 있다. 이것은 시인이 냉전 체제가 낳은 분단의 현실에 대한 감정적 대처를 벗어나, 탄탄한 일상의 삶을 통하여 대응하여야 한다는 것으로 발상의 전환을 이루었다고 볼 수 있다. 나아가 화자는 '모두 잊어버렸던 지난 날의 사랑과 회상/ 고독이거나 눈물과 미소가/ 꽃을 피우는 나무'라고 언술함으로써 일상에서 겪는 삶의 신산을 너끈히 극복해 가는 데 삶의 무게 중심을 이동시키고 있다. '겨울'과 '꽃'은 이항대립어로, 각기 분단 체제가 내면화된 일상에서 치러야 하는 삶의 신산(辛酸)과 이를 극복하고 일궈내는 삶의 결실을 상징한다.

'눈보라', '금속성', '철조망', '고아원' 등의 시어들이 민중의 선택권이 박탈된 가혹한 현실을 상징한다면, '광야', '내재율의 음악', '바다 같은 가슴', '따수운 꽃' 등의 시어들은 이타정신에 기반한 연대와 미래에의 밝은 전망을 상징하는 이미저리들이다. 이것들이 현실에 밀착한 서정적 기법과 한몸이 됨으로써 시는 한층 깊이를 더하고 나아가 벗길수록 새로운 맛이 돋아나는 석류와 같은 효과를 거두고 있다.

1962년 박봉우가 '현대문학 신인상'을 수상할 무렵을 전후하여 창작된 위의 시를 보면서, 시인이 정신병에 시달리지 않고 안정된 삶을 꾸려갈 수 있었더라면 더욱 기품 있는 시들을 다수 남길 수도 있을 텐데 하는 아쉬움이 남는다. 그는 수상한 지 얼마 안 되어 전남일보 서울 특파원으로 근무하던 중 취재차 목포에 내려갔다가 지역 불량배들에게 뭇매를 맞은 것이 잘못되어, 이후 1990년 56세로 작고하기까지 정신병원을 들락거리는 운명의 아이러니를 맞게 된다.[33] 그에게 그 같은 불행이 닥치지 않았더라면 더욱 균형 잡히고 건강한 시를 내놓아 민중시 진영은 물론 한국시문학 전반에 걸쳐서도 더욱 걸출한 유산을 더할 수 있었으리라는 아쉬움이 남는다.

오늘밤 머언 별들을 보면서
나의 직업은
조국.

연탄냄새 그득 풍기는
우리의 사회에
선량한 나의 가정은
가을
빈 주먹.

갈라진 가슴팍에
우거진 잡초들과
사상.

그 속에 우리집이 있다.
그림 역사가 있다.

오늘의 나의 손은
현실을 뽑으며
진저리나는 나의 행동에
추파를 던지는 속셈이다.

-「잡초나 뽑고」 전문

 분단 체제 혁파를 외치는 목소리를 높이기보다 소소한 일상을 소재로 한 작품이다. 즉 '연탄냄새 그득 풍기는/ 선량한 나의 가정', '우거진 잡초', '빈 주먹' 등의 시어들은 시인이 고향을 등지고 기대고 살았음 직한 서울 변두리를 떠올리게 한다. 화자가 우거진 잡초들을 뽑는 행위를 '현실을 뽑'는다고 언술한다. 이는 분단 현실을 깨치고 바로잡는 것은 먼 데 존재하는 게 아니며 지극히 작은 가정에서부터 시작된다는 사유와 긴밀하게 연결되어 있다. 화자는 결구에서 '추파를 던지는 속셈'이라고 말하는데, 여기는 추파는 일종의 음란한 눈빛이나 그릇된 행동이 아니라, 이웃들을 현실 변혁 운동으로 끌어들이는 행동을 상징한다. 그런 점에서 이 시의 첫머리에 제시된 '오늘밤 머언 별들을 보면서/ 나의 직업은/ 조국'이라는 대목은 일상으로부터 나라를 나라답게, 즉 통일로 이끄는 움직임은 시작되어야 한다는 연역적 테제에 다름 아니다. 그가 이같이 생활에 밀착한 시에 더욱 천착하였더라면 더욱 폭이 넓고 깊이 있는 생활 속의 서정시를 정착시키는 데 한 걸음 더 다가갔으리라는 아쉬움이 남는다.

    내 얼굴은
    상처뿐인 조국
    지도를 그린다.

    보름달도 되지 못한
    항상 반쪼각의
    달.

    언젠가 한 번쯤…

    우리들의 보름달을 위해
    모든 옷
    옷들, 훨훨 벗고

    나비
    춤추며 모이는
    그런 날,

    내 얼굴은
    상처뿐인 조국

지도를 그린다.

-「반쪼각의 달」전문

　1976년에는 발간된 「황지(荒地)의 풀잎」에 수록된 작품이다. 시 「휴전선」이 세상에 나온 지 딱 20년 만에 씌어진 시이지만, 작품 속에 그려진 현실은 1950년대 분단 직후와 별반 다르지 않다. 화자는 첫 연에서 '내 얼굴'과 '상처뿐인 조국'을 은유의 고리로 연결함으로써, 자신의 주름지고 상처난 모습이 분단된 현실의 판박이라는 인식을 드러낸다. 여기서 내 얼굴은 시인 개인을 가리키는 말이라기보다 분단 체제를 견디며 살아가는 전체 민초들을 제유(提喩)한다고 보아야 할 것이다. 시인에게 분단 현실은 '보름달도 되지 못한/ 항상 반쪼각의/ 달'로 인식된다. 밤에 뜬 반쪼각의 달을 내세우고 있는 걸 보면, 시인은 어두운 현실이 지속되는 걸 지극히 마음아파 하는 것 같다. 나아기 시인은 경계를 가리지 않고 자유롭게 훨훨 날아다니는 나비의 상징을 빌어 '모든 옷/ 옷들, 훨훨 벗고// 나비/ 춤추며 모이는/ 그런 날,/ 지도를 그린다'고 밝힌다. 시인 자신의 일신에 상처를 입더라도 민족이 하나 되어 춤추는 통일 세상을 향한 염원을 담아내고 있다. 그것은 '옷을 훌훌 벗'는다는 알레고리가 환기하듯 기득권을 가진 자, 분단의 책임자들이 눈앞의 이익을 내려놓고 민족의 오랜 숙원을 실천하는 일에 다름 아닐 것이다. 박봉우의 1950년대 시들이 여전히 현재성을 강하게 띠는 것은 바로 이 같은 이유에 서일 것이다.

4.3. 최초로 전후의 분단 현실을 직시하다

박봉우는 그동안 한국전쟁 직후 분단 현실을 최초로 노래한 시 「휴전선」의 작자로만 알려져 왔다. 그는 한국전쟁 후 엄혹한 냉전체제 하에서 분단문제를 선구적으로 시적 주제로 삼았으며, 분단이 해결되어야 진정한 자유와 민주의 실현이 가능하다고 보았던 시인이다. 등단 초기에 보여준 그의 민족 동질성 회복을 노래한 시적 주제는 당시 문협 중심으로 모여 있던 기존의 서정시인들과는 다른 세대적 새로움을 보여주는 것임과 동시에, 타의에 의한 민족의 이산과 국토의 분단문제를 객관적으로 보게 만드는 계기를 마련하였다.

1950년대에 창작된 박봉우의 시들은 분단 현실을 최초로 문제 삼은 시라고 할 수 있지만, 1970년대 이후에 크게 회자한 이른바 '민중시'와는 상당한 차이를 보이고 있다. 또한 문인협회를 중심으로 모인 청록파 시인들이나 서정주 등의 복고적인 서정시와는 달리, 분단 현실을 온몸으로 아파하는 내면의 마음 씀씀이도 보인다. 또한 이 같은 현실을 수수방관하지 말고 실천적으로 깨뜨려야 한다는 개혁 정신도 담겨 있다. 이런 점에서 박봉우의 시는 전후 한국시에 새로운 좌표를 기록했다고 볼 수 있을 것이다.

그의 시들을 면밀하게 분석적으로 읽어보면 명징한 이미저리를 담지한 시어들을 즐겨 구사한 이미지스트이기도 하며, 서정과 시대정신을 균형 있게 보여준 서정 시인이기도 하였다. 그의 서정은 복고적이거나 감상(感傷)에 치우쳐 있는 게 아니라, 투철한 현실 인식 하에 명징한 이미지를 동반한 채 전개된다. 그의 시는 1950년대 순수시 계열의 시인들이 구사하는 서정과는 차이가 있으며, 민중적인 정서를 바탕에 깔고 전개되고 있다. 분단 현실을 도외시한 채 개인의 정서에 침윤되어 있던 문인협회 산하의 전통 서정시인들과는 달리 분단 현실을 온몸으로 견뎌내야 하는 민중들의 삶과 현실 타파를 염원하는 목소리가 풍부하게 담겨 있다는 점에서 그는 분명한 입지를 갖고 있는 것으로 평가된다. 그런 면에서 좋은 시의 전범이 될 만한 시들이 적지 않으며, 주제 의식의 부각에 치우친 '민중시'를 반성적으로 돌아보게 한다.

4.4. 1960년대 참여시 탄생의 교량 역할을 하다

한국전쟁 후에는 실존주의와 모더니즘으로 대표되는 외래 사조들이 물밀듯이 들어왔지만 박봉우는 여기에 가담하지 않았다. 대신 그는 한국인의 삶의 조건과 행불행을 결정짓는 분단 현실과 맞닥뜨려 이를 정면으로 극복하고자 애쓴 시인이다. 그는 서정시를 지향하기는 했지만 개인의 밀실에서 낭비되는 감정이 아닌, 조국 분단의 비애를 심도 있게 담아내 당시로서는 보기 드물게 통일에의 의지를 시로 옮긴 시인이다.

그동안 박봉우의 시는 주로 1960년대 이후의 참여시로 이어지는 교량 역할을 하는 전후의 참여시로 평가되며, 분단 문제에 대한 시적 형상화, 즉 역사의식의 시적 구현이라는 측면에서 주목 받아왔다. '1950년대 한국 시단의 형성과 참여시의 배경을 살피는 자리에서 신진 시인군으로 박봉우를 주목하며 그의 시가 남북 분단이라는 당시의 현실에서 취급하기 어려운 시적 주제를 독특한 시적 형상을 통하여 보여주고 있다고 평가'[33)]하는 윤여탁의 견해는 이를 잘 뒷받침해준다.

임동확은 인간의 모든 조건이 파괴되고 황폐한 전쟁 또는 전후의 상황 속에서, 당시로서는 선구적이고 전위적 분단 극복 의지와 행동적이고 참여적인 시를 썼다고 평가한다. 박봉우는 민족 동질서의 회복과 분단 현실 극복이라는 이중과제를 누구보다 먼저 자각하고 실천한 시인으로 자리매김하고 있다는 것이다. 즉 박봉우는 1950년대 전후의 척박한 환경에서 민중적 서정시를 실천적으로 창작하였지만, 나아가 1960년대 김수영과 신동엽에 의하여 구체화된 민중시로 가는 교량 역할을 하고 있다는 점에 주목하여서도 살펴볼 필요가 있다.

1950년대에 창작된 박봉우의 시들은 자연과 사물을 소재로 한 전통 서정시의 골격을 유지하면서도, 다른 한편 불같은 저항의 성격을 띠기도 한다. 어떤 의미에서는 신동엽이나 김수영에 앞서서 분단 현실하에서 억압받고 고통받는 민중 현실을 고발하고 이를 바로잡아야 한다는 것을 행동으로 보여준 시인이라 해도 좋을 것이다. 그는 또한 당시 팽배하던 이국적 취향을 멀리하면서 우리 것 가운데서 새로운 시의 길을 열고자 하는 지난한 몸부림을 보여준 시인이기도 하다. 한국적 서정의 골격을 유지하면서도 이 땅의 사물들을 통하여 민중의 염원이 배인 정서를 실천적으로 수용하여 '민중적 서정시'를 정착시킨 시인이다. 감상적(感傷的) 정서에서 벗어나, 서정시로도 얼마든지 세계를 바라보는 시인만의 독특한 눈을 담을 수 있는 장르임을 확인하게 된다.

박봉우의 시가 이른바 민중시 진영에서뿐만 아니라 다양한 계층으로부터 두루 사랑을 받을 수 있었던 요인은 명징한 이미지와 다의성의 추구에 있다고 볼 수 있다. 미적 자의식에 입각한 아방가르드적 기법의 구사, 박인환 류의 이국적 정취를 생경하게 수용하는 등 과격한 모더니즘에 경도되지 않았지만, 성급한 주제의 표출을 멀리 하면서 명징한 시어를 동원하고, 언어의 절제 등을 통해 새로운 시대의 정신에 부합하는 시들을 보여주었다. 그의 시들은 모더니즘과 리얼리즘은 어떻게 유기적으로 결합해 가는지를 잘 보여주는 전범이기도 하다. 그런 의미에서 1950년대에 창작된 그의 시들이, 주제의 구현에 어떻게 기능하고 있으며 어떻게 폭넓은 공감대를 형성하고 있는지를 규명하고자 한다.

박봉우의 시들이 넓은 공감대를 형성한 데는 민중정서를 중심으로 한 원형상징을 폭넓게 구사하고 있으며, 1950년대 전후 현실을 비판적으로 투시하는 한편 4월혁명에 이르는 민주주의 회복과 민중 생존권 쟁취의 과정에 실천적으로 참여하였다는 데 시적 공감대의 원천이 자리잡고 있음을 알 수 있었다. 그는 4월혁명에 실천적으로 참여하였고, 그에 따르는 정신적 후유들을 앓으면서 불행한 삶을 살다간 사람이다. 그런 점에서도 그의 노정한 '광기(狂氣)'는 새롭게 해명되어야 할 것이다.

그는 생전에 다섯 권의 시집을 남겼지만, 1950년대에 출간된 두 권의 시집이 건강한 정신과 시적 전망을 갖고 씌어졌을 뿐, 다른 시집들은 병력(病歷)에 따른 정신적인 위축으로 젊은날의 그것을 넘어서지 못하고 있다는 평가를 받고 있다. 그런 의미에서 젊은날의 시편들이 그의 시적 전성기를 기록하는 불운의 시인이다. 하지만 전성기의 시편들 가운데에는 현실에 깊이 뿌리박은 서정성과 풍부하고 명징한 이미저리가 보기 좋게 균형을 이룬 가편들이 적지 않다. 파편화된 사유와 전후 냉전 체제의 억압에 따른 복고주의가 만연된 당시의 시단 풍토로서는 실로 보기 드문 시적 성과라 할 것이다.

4.5. 서정과 모더니티의 결합을 실천적으로 보여주다

그는 또한 당시 팽배하던 이국적 취향을 멀리하면서 우리것 가운데서 새로운 시의 길을 열고자 하는 지난한 몸부림을 보여준 시인이기도 하다. 한국적 서정의 골격을 유지하면서도 이 땅의 사물들을 통하여 민중의 염원이 배인 정서를 실천적으로 수용하여 '민중적 서정시'를 정착시킨 시인이다. 본 연구에서는 이 같은 점에 주목하여 주제와 기법이 따로 놀지 않고 한몸을 이룬 박봉우의 시세계에 대한 집중적 탐구를 통해, 참여와 순수를 넘어 우리시가 한몸이 되는 계기를 마련할 것으로 본다.

또한 박봉우는 전후 분단체제 하 민중 현실을 시의 소재로 삼았을 뿐만 아니라 풍부한 서정과 명징한 이미지를 중심으로 여느 시인이 구축하기 어려운 시적 경지에 달한 사람이다. 뿐만 아니라 격동하는 한국 현대사를 시의 그릇에 탄탄하게 담아낸 시인이다. 민중 생존권 쟁취의 주제를 널리 담았으면서도, 결코 목소리를 높이는 법이 없이 폭넓은 공감대를 형성한 박봉우의 시세계는 갈등과 반목을 넘어 한국시에 새로운 지평을 여는 준거틀을 마련하는 데 한 시금석이 될 수 있을 것이다.

그간의 모더니즘에 대한 연구는 주로 시의 기법에 대한 연구에 치우친 감이 있다. 하지만 모더니즘은 단순히 기법의 발전이 문제가 아니라 시대 상황에 대한 저항과 낡은 전통을 뿌리치고 새로운 질서를 태동시키고자 하는 아방가르드의 정신에서 나온 것임도 주목해야 할 것이다.

5. 박봉우 시에 투영된 1950년대 현실

박봉우가 새로운 시인으로서 얼굴을 내민 1956년은 종전(終戰)과 함께 기성시인들이 이념에 따라 남북으로 갈린 시점에서, 남한에 남은 시인들만으로 기형적인 시단이 형성될 무렵이다. 동족상잔으로 국토가 갈라진 위에 이념의 형해화에 따라 시인들은 자유롭게 노래할 수 없었고, 정신의 황폐화로 세기말적 경향이 두드러지게 나타났다. 이런 전후의 폐허 상황 속에서도 미국을 선두로 마구 밀려오는 서구 문화의 무분별한 수용으로 국적을 알 수 없는 경향의 시들이 난무하기도 했다.

정치 사회적으로는 한국전쟁의 휴전이 정착되면서 분단 체제가 고착화된 시기였다. 그와 함께 분단 체제에 기생하는 기득권층에 형성되고, 미국 편향의 문화가 널리 만연된 시기였다. 6·25 한국전쟁은 우리 민족의 삶을 황폐화시켰다. 수많은 인명과 재산의 피해와 함께 정신적으로도 심각한 상처를 입혔다. 비극적 체험과 상흔은 생존의 어려움과 회의를 안겨 주었으며, 패배 의식과 허무주의를 심화하는 결정적 계기가 되었다. 이러한 시대 배경은 전쟁 체험, 현실 참여, 전통 지향 등의 주제로 문학에 반영되어 나타났다.

당시 한국문인협회를 중심으로 순수 서정시를 창작하는 서정주, 박목월 등일 일군의 보수 문인들이 문학 권력을 거머쥐었고, 《현대

문학)을 중심으로 한 보수적인 문학 매체들이 순수시 중심의 획일적인 시문학 작품들만을 게재하는 등 분단 체제에 부화뇌동하는 행태가 널리 횡행하기에 이르렀다. 전후 전후의 불모지 같은 풍토에서 전봉건, 김광림 등의 '현대시' 동인, 김규동, 박인환 등의 '후반기 동인'을 중심으로 모더니즘을 표방하였지만 이들은 극소수였고, 사회적 주제를 표방한 시들이 급격히 퇴조한 가운데, 순수 서정시를 창작해온 시인들이 크게 부상하였다.

박봉우는 이 같은 1950년대의 상황을 시세계에 가장 진솔하고도 실천적으로 반영한 시인이다. 그가 1957년에 발표한 「나비와 철조망」은 그 대표적인 작품이다. 휴전선을 자유롭게 넘나들며 날갯짓을 하고 싶은 나비와 철조망을 높여 이를 원천적으로 차단하고자 하는 현실은 휴전하 한국 사회의 초상이다. 박봉우는 '모진 바람이 분다. 그런 속에서 피비린내 나게 싸우는 나비 한 마리의 생채기. 첫 고향의 꽃밭에 마즈막까지 의지하려는 강렬한 바라움의 향기였다.'(「나비와 철조망」)고 노래하고 있다. 이 작품에서 '모진 바람'이 날로 고착화되어가는 분단 체제라면 '피비린내 나게 싸우는 나비'는 이 같은 봉쇄 체제를 온몸으로 혁파하고 한몸이 되기 위해 싸우는 통일 세력의 제유라 할 것이다. 사인은 '처음으로 나비는 벽이 무엇인가를 알며 피로 적신 날개를 가지고도 날아' 간다고 묘사함으로써 동족을 적으로 돌리는 분단 체제를 허물기 위해서는 민초들의 희생과 헌신이 징검다리가 된다는 사유를 절절하게 펼치고 있는 셈이다.

박봉우는 실천적인 시작을 통하여 전후의 시공간은 팽배한 전쟁이 남긴 상처를 떠안고 치유하는 데 진력한 시인이다. '전쟁에 울고 이그러진 가슴에…/ 붕대를 감아주려고 온 다사로운 너의 숨결/ 그것은, 겨울을 풀어헤치는 긴 강./ 목을 베어버릴 만한 손도 마즈막 빼앗긴/ 영토에게. 심연한 포옹과 사랑을 끝없이/ 노래'(「수난민」) 부르겠다는 데서 보듯, 모름지기 살아 있는 지식인이라면 전쟁의 상처를 앓는 사람들을 감싸고 배앗긴 것들을 돌려주어야 한다는 사유를 펼치고 있다. 좌절을 딛고 민초들과 함께 새로운 세상을 열어가는 것이 살아 있는 정신의 소유자가 감당해야 할 몫이라는 점을 분명히 하고 있다.

신진숙은 박봉우의 1950년대 시들을 가리켜 '자연에 대한 순수한 감각을 투명하면서도 맑은 언어의 질감 속에서 묘사하는 경우가 많다. 이는 그가 작품 활동을 시작한 1950년대의 문학적 상황과도 연관된다. 당시의 시문학적 경향은 모더니즘적 시와 함께 전통주의적인 서정시의 창작이 활발하게 진행되는데, 이때 전통주의적 시에서의 자연회귀적 사상은 전후의 암울한 시대 상황을 견디는 중요한 대안으로 간주된다'[34)]고 지적한 바 있다. 즉, 자연에 대한 사유를 통해 전후 현실의 회복과 인간다운 삶의 조건을 모색한 것은, 서정적 기법과 주제를 변증법적으로 통합한 것으로 파악할 수 있다. 1950년대에 창작된 박봉우의 시들은 전후의 분단 체제가 민초들의 삶을 얼마나 옥죄어들고 있는지를 잘 보여준다. 나아가 민초들에게 고통을 안겨준 것은 잘못된 이데올로기를 무기로 하여 사익을 취하는 자들이며, 체제 온존적인 시에 침윤된 보수적 문단 체제에 온존하는 이들 역시 책임을 면할 수 없다고 지적한다. 이같이 불합리한 현실을 타파하기 위해서는 '피 묻은 나비'라는 상징에서 보이듯 민초들 스스로 기꺼이 희생을 마다않으며 분단이라는 장벽에 맞서는 일이라는 점을 분명하게 각인시키고 있다.

Ⅲ. 맺는 말

　박봉우는 한국전쟁 후 최초로 분단 현실을 노래한 「휴전선」의 시인으로만 알려져 왔다. 한국전쟁 후에는 실존주의와 모더니즘으로 대표되는 외래 사조들이 물밀듯이 들어왔지만 박봉우는 여기에 부하뇌동하여 가담하지 않았다. 대신 그는 한국인의 삶의 조건과 행불행을 결정짓는 분단 현실과 맞닥뜨려 이를 정면으로 극복하고자 애쓴 시인이다. 그는 서정시를 지향하기는 했지만 개인의 밀실에서 낭비되는 감정이 아닌, 조국 분단의 비애를 담고 아울러 당시로서는 보기 드물게 통일에의 의지를 시로 형상화한 시인이다.
　주제 의식의 표출을 의도한 생경한 목적시와는 다르게 박봉우의 시에는 사물과 교감하는 개인적 정서가 풍부하게 담겨 있다. 또한 시어의 사용에 있어서도 명징한 이미지를 중심으로 한 모더니티가 잘 구현되어 있다. 그런 점에서 그는 새롭게 읽혀질 필요가 있고, 재평가될 필요가 있다고 본다.
　그는 동시대에 활동한 시인들에 비하여 그다지 많은 작품을 남긴 시인은 아니지만 우리 시문학사상 결코 무시할 수 없는 족적을 남긴 시인임을 재삼 확인할 수 있었다. 그는 그동안 주로 「휴전선」을 중심으로 한 민중시인으로 알려졌다. 하지만 이번 연구를 통하여 다시 한번 다양한 스펙트럼을 지닌 시임임을 확인할 수 있었다. 그는 무엇보다도 1950년대 한국전쟁 직후에 등단하여 전후의 참상과 냉전 현실에 대항하는 시를 실천적으로 쓴 시인이다. 그는 전쟁의 경험을 소재의 바탕으로 창작하였지만 허무주의에 빠지거나 절망에 빠지지 않았다. 엄혹한 냉전 상황이 팽배해 있는 전후의 현실 속에서도 의연히 외세에 의한 분단의 현실을 지적하고 통일의 필요성을 선구적으로 외친 시인이다. 어떤 의미에서는 신동엽이나 김수영에 앞서서 분단 현실하에서 억압받고 고통받는 민중 현실을 고발하고 이를 바로잡아야 한다는 것을 행동으로 보여준 시인이라 해도 좋을 것이다.

그는 또한 당시 팽배하던 이국적 취향을 멀리하면서 우리것 가운데서 새로운 시의 길을 열고자 하는 지난한 몸부림을 보여준 시인이기도 하다. 한국적 서정의 골격을 유지하면서도 이 땅의 사물들을 통하여 민중의 염원이 배인 정서를 실천적으로 수용하여 '민중적 서정시'를 정착시킨 시인이다. 이 같은 사실에 주목하면서, 1950년대 그의 초기시세계가 지닌 의의를 정리하면 다음과 같다.

첫 번째로 박봉우의 전성기의 시들은 모더니즘 기법이 시의 바탕에 깔려 있음을 확인할 수 있었다. 그의 시가 이른바 민중시 진영에서뿐만 아니라 다양한 계층에서 두루 사랑을 받을 수 있었던 요인은 명징한 이미지와 다의성의 추구에 있었음을 본연구를 통하여 알 수 있었다. 미적 자의식에 입각한 아방가르드적 기법의 구사, 박인환 류의 이국적 정취를 생경하게 수용하는 등 과격한 모더니즘에 경도되지 않았지만, 성급한 주제의 표출을 멀리하면서 명징한 시어를 동원하고, 언어의 절제 등을 통해 새로운 시대의 정신에 부합하는 시들을 보여주었다. 그런 의미에서 1950년대에 창작된 그의 시들은 명징한 이미저리와 깔끔한 서정이 한몸을 이룬 모더니즘 정서에 기반해 있다고 평가된다.

두 번 째로 박봉우의 시들은 직접적인 메시지보다 서정성 짙은 묘사를 통하여 이루어지고 있음을 확인하였다. 단지 그것은 이른바 순수시 계열의 시인들이 구사하는 서정과는 차이가 있으며, 민중적인 정서를 바탕에 깔고 전개되고 있다. 분단 현실을 도외시한 채 개인의 정서에 침윤되어 있던 문인협회 산하의 전통 서정시인들과는 달리 분단 현실을 온몸으로 견뎌내야 하는 민중들의 삶과 현실 타파를 염원하는 목소리가 풍부하게 담겨 있다는 점에서 그는 분명한 입지를 갖고 있는 것으로 평가된다.

세 번째로 박봉우의 시들이 넓은 공감대를 형성한 데는 민중 정서를 중심으로 한 원형상징을 폭넓게 구사하고 있으며, 1950년대 전후 현실을 비판적으로 투시하는 한편 4월혁명에 이르는 민주주의 회복과 민중 생존권 쟁취의 과정에 실천적으로 참여하였다는 데 시적 공감대의원천이 자리잡고 있음을 알 수 있었다. 그는 4월혁명에 실천적으로 참여하였고, 그에 따르는 정신적 후유들을 앓으면서 불행한 삶을 살다간 사람이다. 그런 점에서도 그의 노정한 '광기(狂氣)'는 새롭게 해명되어야 할 것이다.

그는 생전에 다섯 권의 시집을 남겼지만, 1950년대에 출간된 두 권의 시집이 건강한 정신과 시적 전망을 갖고 씌어졌을 뿐, 다른 시집들은 병력(病歷)에 따른 정신적인 위축으로 젊은날의 그것을 넘어서지 못하고 있다는 평가를 받고 있다. 그런 의미에서 젊은날의 시편들이 그의 시적 전성기를 기록하는 불운의 시인이다. 하지만 전성기의 시편들 가운데에는 현실에 깊이 뿌리박은 서정성과 풍부하고 명징한 이미저리가 보기 좋게 균형을 이룬 가편들이 적지 않다. 파편화된 사유와 전후 냉전 체제의 억압에 따른 복고주의가 만연된 당시의 시단 풍토로서는 실로 보기 드문 시적 성과라 할 것이다. 본 연구를 통하여 박봉우의 시세계가 새롭게 석명됨은 물론, 서정시는 단순히 부드러운 정서의 이름이 아니라 동시대를 살아가는 국민들의 내면을 담아내는 장르임을 분명하게 확인할 수 있었다.

네 번째로 1950년 한국전쟁 전후 창작된 박봉우의 서정시들은 단순히 개인적 감점의 토로라기보다, 워즈워드가 농민들의 애환을 통해 당시의 시대상을 읽어냈듯이, 1950년대 분단 체제하 한국민들의 숨김없는 외침이요 저항이었다는 것을 확인할 수 있었다. 박봉우는 외래 사조를 업은 소재, 전후 물밀 듯이 밀려온 외래 문물의 언어를 배격하면서 철저하게 당시 서민들의 언어를 채용함으로써 시를 민중의 노래로 승화시키는 데 큰 역할을 하였다. 그의 이 같은 시적 발자취는 신동엽, 김수영으로 이어지는 민중시의 중요한 밑거름이 되었다.

따라서 박봉우의 1950년대 서정시는 서정주, 박목월 등 문협파 시인들의 순수시와 구별되는 '민중적 서정시'라고 규범화하여, 박봉우와 당시의 현실이 갖는 조응 관계를 밀도 있게 규명하여도 좋을 것이다. 이 같은 견지에서 박봉우의 시세계를 새롭게 분석 검토하였다.

그는 동시대에 활동한 시인들에 비하여 그다지 많은 작품을 남긴 시인은 아니지만 우리 시문학사상 결코 무시할 수 없는 족적을 남긴 시인임을 재삼 확인할 수 있었다. 그는 그동안 주로 「휴전선」을 중심으로 한 민중시인으로 알려졌다. 하지만 이번 연구를 통하여 다시 한번 다양한 스펙트럼을 지닌 시임임을 확인할 수 있었다. 그는 무엇보다도 1950년대 한국전쟁 직후에 등단하여 전후의 참상과 냉전 현실에 대항하는 시를 실천적으로 쓴 시인이다. 그는 전쟁의 경험을 소재의 바탕으로 창작하였지만 허무주의에 빠지거나 절망에 빠지지 않았다. 엄혹한 냉전 상황이 팽배해 있는 전후의 현실 속에서도 의연히 외세에 의한 분단의 현실을 지적하고 통일의 필요성을 선구적으로 외친 시인이다. 어떤 의미에서는 신동엽이나 김수영에 앞서서 분단 현실하에서 억압받고 고통받는 민중 현실을 고발하고 이를 바로잡아야 한다는 것을 행동으로 보여준 시인이라 해도 좋을 것이다.

그는 또한 당시 팽배하던 이국적 취향을 멀리하면서 우리것 가운데서 새로운 시의 길을 열고자 하는 지난한 몸부림을 보여준 시인이기도 하다. 한국적 서정의 골격을 유지하면서도 이 땅의 사물들을 통하여 민중의 염원이 배인 정서를 실천적으로 수용하여 '민중적 서정시'를 정착시킨 시인이다. 이 같은 사실에 주목하면서, 1950년대 그의 초기시세계가 지닌 의의를 정리하면 다음과 같다.

첫 번째로 박봉우의 전성기의 시들은 모더니즘 기법이 시의 바탕에 깔려 있음을 확인할 수 있었다. 그의 시가 이른바 민중시 진영에서뿐만 아니라 다양한 계층에서 두루 사랑을 받을 수 있었던 요인은 명징한 이미지와 다의성의 추구에 있었음을 본연구를 통하여 알 수 있었다. 미적 자의식에 입각한 아방가르드적 기법의 구사, 박인환류의 이국적 정취를 생경하게 수용하는 등 과격한 모더니즘에 경도되지 않았지만, 성급한 주제의 표출을 멀리하면서 명징한 시어를 동원하고, 언어의 절제 등을 통해 새로운 시대의 정신에 부합하는 시들을 보여주었다. 그런 의미에서 1950년대에 창작된 그의 시들은 명징한 이미저리와 깔끔한 서정이 한몸을 이룬 모더니즘 정서에 기반해 있다고 평가된다.

두 번째로 박봉우의 시들은 직접적인 메시지보다 서정성 짙은 묘사를 통하여 이루어지고 있음을 확인하였다. 단지 그것은 이른바 순수시 계열의 시인들이 구사하는 서정과는 차이가 있으며, 민중적인 정서를 바탕에 깔고 전개되고 있다. 분단 현실을 도외시한 채 개인의 정서에 침윤되어 있던 문인협회 산하의 전통 서정시인들과는 달리 분단 현실을 온몸으로 견뎌내야 하는 민중들의 삶과 현실 타파를 염원하는 목소리가 풍부하게 담겨 있다는 점에서 그는 분명한 입지를 갖고 있는 것으로 평가된다.

세 번째로 박봉우의 시들이 넓은 공감대를 형성한 데는 민중정서를 중심으로 한 원형상징을 폭넓게 구사하고 있으며, 1950년대 전후 현실을 비판적으로 투시하는 한편 4월혁명에 이르는 민주주의 회복과 민중 생존권 쟁취의 과정에 실천적으로 참여하였다는 데 시적 공감대의원천이 자리잡고 있음을 알 수 있었다. 그는 4·19에 실천적으로 참여하였고, 그에 따르는 정신적 후유들을 앓으면서 불행한 삶을 살다간 사람이다. 그런 점에서도 그의 노정한 '광기(狂氣)'는 새롭게 해명되어야 할 것이다.

박봉우는 서정적 기법과 함께 민족적인 정서를 시화하고 여기에 고정관념을 넘어 미적 자의식을 더한 진귀한 시인이다. 이런 점에서 그의 시는 1950년대 전후(戰後) 한국시에 순수시와 참여시 및 모더니즘 시를 아우르는 새로운 좌표를 기록했다고 평가할 수 있을 것이다.

박봉우는 젊은날의 시편들이 그의 시적 전성기를 기록하는 불운의 시인이기는 하지만 전성기의 시편들 가운데에는 현실에 깊이 뿌리박은 서정성과 풍부하고 명징한 이미저리가 보기 좋게 균형을 이룬 가편들이 적지 않다. 파편화된 사유와 전후 냉전 체제의 억압에 따른 복고주의가 만연된 당시의 시단 풍토로서는 실로 보기 드문 시적 성과라 할 것이다. 본고를 통해 박봉우의 시들이 한국현대시문학 사상 주제와 형식이 균형을 이룬 민중적 서정시의 선구자로서 분명하게 자리매김되기 바란다. 박봉우 시인의 시비는 광주시민 공원에 있으며, 2001년 그의 고교 동문과 문단의 동료들이 2001년 「휴전선」 발표 45주년을 기념하여 경의선 임진강역 구내에 그의 시 「휴전선」을 새긴 시비를 건립하여, 통일을 염원하며 북녘을 바라고 서 있다.

시인 박봉우는 타의에 의하여 양단된 조국의 운명과 사회적 상황을 온몸으로 아파하고 비판하면서 끊임없이 통일을 염원했고 자유를 절규했다. 그의 일관된 시정신은 그가 신동엽이나 김수영 못지않은 분단 극복 시의 출발점, 민족 민중시의 실천적 선구자라는 현대 시문학사상의 자리매김을 요구하고 있다. 하루 빨리 박봉우 시인이 염원하던 통일이 이루어지고, 나아가 그의 시들이 새롭게 자리매김 되기를 바라 마지않는다.

■ 주(註)

1) 오윤정, 「한국 현대 리얼리즘 시의 두 양상 연구-설득의 수사와 자각의 수사를 중심으로」, 서강대학교 대학원 박사학위 논문, 2002, p.65 참조.
2) 이남호, 「1950년대와 전후세대 시인들의 성격」, 『1950년대의 시인들』, 나남출판, 1994, p.19 참조.
3) 이승훈, 『한국 모더니즘시사』, 문예출판사, 2000, p.216.
4) 문혜원, 『한국 현대시와 모더니즘』, 신구문화사, 1996, pp.101~2.
5) 최일수, 『분단 현실과 비평문학』, 상록출판사, 1986.
6) 김종철, 「김관식, 박봉우, 최하림의 근간시집의 도덕적 관점과 시적 구체성」, 창작과비평, 11권 3호., 1976.
7) 임동확, 「황지의 풀잎과 광기의 시학; 박봉우론」, 박봉우 시전집, 현대문학, 2009, p.424 참조.
8) 강희안, 윤은경, 「박봉우 전후시의 현실인식과 자아확립 과정 고찰」, 비평문학 제59호, 한국비평문학회, 2016, p.7 참조.
9) 김정현, 「박봉우 시에 나타난 경계의 자기서사와 저항 윤리 연구」, 서강인문논총, 서강대학교 인문과학연구소, 2016, p.297.
10) 권영민, 『한국현대문학사』 3쇄, 민음사, 1994, pp.106~107.
11) 정한용, 「휴전선에 피어난 진달래꽃」, 시와시학, 1993년 겨울호, 시와시학사.
12) 김광섭(1956), 신춘문예 심사평, 조선일보, 1956. 1. 1.
13) 김준오, 『시론』 제4판, 삼지원, 2002, pp.215~6 참조.
14) 이승원, 「민족의 시련과 서정시의 맥락; 광복 이후 1959년까지의 시 경

향」, 문학사상 통권 268호, 문학사상사, 1995, pp.235~271 참조.
15) 박윤우, 「전봉건의 전쟁 체험시와 회상 형식의 미학」, 『전봉건』, 글누림, 2010, p,93 참조.
16) 김재홍, 『한국전쟁과 현대시의 변모』, 평민서당, 1978.
17) Walter Benjamin(반성완 옮김), 『발터 벤야민의 문예이론』, 민음사, 1983, pp.139~145 참조.
18) 발터 벤야민, 『아케이드 프로젝트 1』, 새물결, 2005. p.105.
19) Jacques Lacan, Bruce Fink trans, The Mirror Stage as Formative of the I Function, *Ecrits*, W.W. Norton & Company, New York, pp.93~100 참조.
20) 임동확, 「황지의 풀잎과 광기의 시학; 박봉우론」, 『박봉우 시전집』 해설, 현대문학, 2009, pp.425~426 참조.
21) 김준오, 『시론』 제4판, 삼지원, 2002, p.167.
22) 김용직, 『한국현대시사』 1권, 한국문연, 1996, p198.
23) 김준오, 앞의 책, pp.215~6 참조.
24) 이남호, 1950년대와 전후세대 시인들의 성격: 1950년대의 시인들, 나남, 1994, p.24.
25) 같은 책, p.19 참조.
26) 김윤식, 「우리 근대문학사의 연속성에 관하여」, 한국현대문학연구회 편, 『한국의 전후 문학』, 태학사, 1991, p.11 참조.
27) 이어령, 「화전민 지역」, 『저항의 문학』, 예문관, 1965, p.15.
28) 정한용, 「휴전선에 피어난 진달래꽃」, 시와시학 1993, 겨울호. 시와시학사.
29) 이승훈, 『한국 모더니즘시사』, 문예출판사, 2000, p.216.
30) 문혜원, 『한국 현대시와 모더니즘』, 신구문화사, 1996, pp.101~2.
31) 이승훈에 따르면 이미저리는 대체로 세 가지 유형으로 분류된다. 정신적

이미저리, 비유적 이미저리, 상징적 이미저리가 그것이다. 정신적 이미저리는 작품을 대할 때, 오직 독자의 정신에 야기되는 감각적 경험만을 강조한다. 비유적 이미저리는 정확히 표현하면 비유어로서의 이미저리라고 할 수 있다. 또한 상징적 이미저리는 은유의 확장으로서의 이미지 유형의 기능에 관심을 둔다. 이미지는 그 자체로 독자에게 선명한 인상을 남기지만, 상징이나 은유의 질료가 되어 상승 효과를 준다. 이승훈(1986), 시론 제12판, 고려원, pp.118~119 참조.

32) 김준오,『시론』제4판, 삼지원, 2002, p.167.

33) 윤여탁,「1950년대의 한국시단의 형성과 참여시의 잉태」,『한국 전후 문학의 형성과 전개』, 태학사, 1993, p.131.

34) 신진숙,「피 묻은 '나비'의 귀환-박봉우론 」,《시인》, 2005, 하반기, p.277.

■참고 문헌

Jacques Lacan, Bruce Fink trans, The Mirror Stage as Formative of the I Function, *Ecrits*, W.W. Norton & Company, New York, pp.93~100.

Walter Benjamin(반성완 옮김), 『발터 벤야민의 문예이론』, 민음사, 1983, pp.139~145.

권영민, 『한국현대문학사』 3쇄, 민음사, 1994.

김광섭, 조선일보 신춘문예 심사평, 조선일보, 1956. 1. 1.

김용직, 『한국현대시사』 1권, 한국문연, 1996.

김재홍, 『한국전쟁과 현대시의 변모』, 평민서당, 1978.

김종철, 「김관식, 박봉우, 최하림의 근간시집의 도덕적 관점과 시적 구체성」, 창작과비평, 11권 3호, 1976.

김준오, 『시론』 제4판, 삼지원, 2002.

문혜원, 『한국 현대시와 모더니즘』, 신구문화사, 1996.

박봉우, 『휴전선』, 정음사, 1957.

박봉우, 『겨울에도 피는 꽃나무』, 백자사, 1959.

박봉우, 『4월의 화요일』, 성문각, 1962.

박봉우, 『황지의 풀잎』, 창작과비평사, 1976.

박윤우, 「전봉건의 전쟁 체험시와 회상 형식의 미학」, 『전봉건』, 글

누림, 2010, p,93.

신진숙, 「피 묻은 '나비'의 귀환-박봉우론」, 《시인》, 2005, 하반기, p.277.

오윤정, 「한국 현대 리얼리즘 시의 두 양상 연구-설득의 수사와 자각의 수사를 중심으로」, 서강대교 대학원 박사학위 논문, 2002.

윤여탁, 「1950년대의 한국시단의 형성과 참여시의 잉태」, 『한국 전후문학의 형성과 전개』, 태학사, 1993, p.131.

이남호, 「1950년대와 전후세대 시인들의 성격」, 『1950년대의 시인들, 나남, 1994, p.24.

이숭원, 「민족의 시련과 서정시의 맥락; 광복 이후 1959년까지의 시경향」, 문학사상 통권 268호, 문학사상사, 1995, pp.235~271.

이승훈, 『시론』 제12판, 고려원, 1986.

임동확, 「황지의 풀잎과 광기의 시학; 박봉우론」, 『박봉우 시전집』, 현대문학, 2009, p.424.

정창범, 「박봉우의 세계」, 『나비와 철조망』, 미래사, 1991, p.144.

정한용, 「휴전선에 피어난 진달래꽃」, 시와시학, 시와시학사, 겨울호, 1993.

조태일 외, 『문학의 이해』, 한울아카데미, 2000.

최일수, 『분단 현실과 비평문학』, 상록출판사, 1986.

⟨ABSTRACT⟩

The Poetry of 1950 Epoch's and Overcome Consciousness of Division System
-Focusing on Park Bong-Woo's Poetry

Park Mong-Gu

This study serve as the 1950s, the heyday of rhymes of Park Bong-woo. Through this paper, the main themes and poetic techniques the researchers how development became Has analyzed. Meanwhile, he has been known only as a poet singing the division of reality focusing demilitarized zone. According to his poems read this carefully analytical, he lucid speak image host. Also was a superb lyricist.

His lyric is not retro or sentimenteol, contrary accompanied by a rather healthy lucid recognition of the reality under the image is deployed. Speaking lyrical 1950s pure poetry, unlike his poems based on folk sentiments are being deployed. He has different lyric spirit rather than poets that belonged up Writers Association affiliated with the tradition of lyric. His poems are rich voice filled the division of reality into the lives of the people and the desire to reform reality. At that point, he is evaluated that he has a clear position. Biased folk poetry of themes emerged in that sense, reflective look back.

After the Korean War, the tide of foreign ideas including existentialism and modernism are pushed salute. But Park Bong-woo did not engage in these flow. He has been struggled to overcome the division confronted with the reality disappointed it squarely, instead he is admitted. At the time, he is poet rarely rely on unification practically. In that sense, we have needs to be read newly his poems, and he must be reevaluated.

In this paper, based on the results of this analysis, we concluded that Park Bong-woo is folk lyric poet that combined lyricism and lucid imagery. At this point, his poetry has made read critically postwar modernism, Korean lylic poems that biased toward the sentimental lyric.

Key Words : The poet Park Bong-Woo, Folk lyric, Modernism, The division system, 1950 epoch

*This work was supported by the Ministry of Education of the Republic of Korea and the National Research Foundation of Korea (NRF-2016S1A5B5A07919437)

1950년대 한국시와 분단체제 극복 의식
-박봉우의 시를 중심으로

찍은날　2019년 8월 3일
펴낸날　2019년 8월 8일
지은이　박몽구
펴낸이　박몽구
펴낸곳　도서출판 시와문화
주　소　(13955) 경기 안양시 동안구 경수대로 883번길 33,
　　　　103동 204호(비산동, 꿈에그린아파트)
전　화　(031)452-4992
E-mail　poetpak@naver.com
등록번호　제2007-000005호 (2007년 2월 13일)

ISBN　978-89-94833-53-8(93800)

정　가　10,000원

*이 논문 또는 저서는 2016년 대한민국 교육부와 한국연구재단의 지원을 받아 수행된 연구임 (NRF-2016S1A5B5A07919437)